大正期における読み方教授論の研究

——友納友次郎の場合を中心に——

益地憲一

溪水社

まえがき

益地憲一教授は、既に『国語科評価の実践的探究』(平成五〈一九九三〉年、溪水社刊)・『国語科指導と評価の探究』(平成一四〈二〇〇二〉年、溪水社刊)を刊行(報告)されているが、このたびは、『大正期における読み方教授論の研究――友納友次郎の場合を中心に――』を刊行(報告)される運びになった。

新著では、益地憲一氏が、かつて鳴門教育大学大学院学校教育研究科(修士課程)(昭和六〇〈一九八五〉年四月～昭和六二〈一九八七〉年三月)にあって、修士論文「大正期における読み方教授論の研究――友納友次郎の場合を中心に――」としてまとめられた、氏の若き日の研究成果をⅠに収め、修士論文につづく、友納友次郎の読み方教授論の考察(教育学部紀要、教育学会における口頭発表等)三編がⅡに収められている。

益地憲一氏は、国語科教育実践者として二〇年にあまる実践体験を積み重ね、国語科教育研究者として、一六年にあまる研究体験を積み重ねてこられた。国語科教育実践者として、国語科教育研究者として、真剣に真摯に歩みつづけられた益地憲一氏が、大正期・昭和前期の初等教育界における卓抜な実践者・研究者友納友次郎氏に出会われたのは、ほんとうにしあわせであったと思わずにはいられない。

――私自身は広島高等師範学校附属国民学校で教育実習をし、昭和四五(一九七〇)年四月から附属小学校長(併任)を務めたが、附属小学校にかつて務められた、友納友次郎氏が偉大な実践者であり、国語科教育実践学を構築しておられることを、益地憲一氏の克明な考究によって、十二分に受けとめることができた。改めて、益地憲一氏への感謝の念を深くする。

――私自身は、広島高等師範学校学生時代に、附属国民学校で教育実習を受けた。指導教官は田上新吉先生であった。私自身は、当時、芦田恵之助先生のご著書を求めては読み、国語の実地授業に備えた。つい、うっかりして、指導教官田上新吉先生のご著書を求めて読むことをせず、専ら芦田恵之助先生の芦田教式に学んで、教材「一寸法師」を二年生への授業で活用させていただいた。

実地授業の批評をしてくださる時、田上新吉先生は、「あれ（芦田教式）は、もう二〇年古いのですよ。」と言われた。私は驚き入った。国語科教育の、とりわけ授業のむずかしさ、きびしさをひしひしと感じた。私の胸の中では、芦田恵之助先生の「教式」は、「もう二〇年古いのですよ。」とおっしゃった、指導教官田上新吉先生のおことばは、まだ解けていない。

大正期の国語科教育の研究は、現在も、浜本純逸氏（早稲田大学教授）、深川明子氏（元金沢大学、「石川県における大正期の国語教育史」など）も進められており、示唆・啓発を受けることが多い。私自身も、大正期の国語科教育の考究には思いを抱きつづけてきた。

――益地憲一氏の国語科教育研究が一層豊かにみのり、独自独特の実績を挙げていかれるよう期待してやみません。

平成一九年一一月二八日

広島大学名誉教授
鳴門教育大学名誉教授　野地潤家

大正期における読み方教授論の研究　目次

Ⅲ

大正期における読み方教授論の研究

Ⅰ

大正期における読み方教授論の研究

――友納友次郎の場合を中心に――

序章

第一節　研究の動機と目的

「不易流行」という言葉がある。教育という営みもまた、「不易」と「流行」の部分をあわせ持っている。すべての物事がかなりの速さで移り変わっていく今日、教師も又、移りゆく「流行」に目を奪われることが多い。先人の築いた豊かな教育の遺産を吟味し、その中から教育にとって「不易」のものを見出すことも大切な仕事である。自らの教師としての歩みをふり返るとき、「流行」に目を奪われることの多かったことを痛感する。独自の実践を切り開いていくことは大事なことではあるが、自分だけが独自のものと思い込んでいたことに気づくことがしばしばあった。先人の遺産を正しく継承した上で、独自の実践を進めていくことが必要であると気づいた。国語教育の歴史研究をその対象としようと思ったのは、以上のような理由によってである。

大正期は、我が国の教育界にとって、新たな、そして独自の教育が模索され、構築された時代である。国語教育も例外ではなかった。我が国近代読み方教授論がほぼ確立したのもこの時代である。そこで考えられ、実践された教授論は、時代を超えた今日においても意義を持つものが多い。さらにまた、現在においても、まだ十分に解決がなされていない課題も多くある。それらを見定め、摂取し、取り組んでいくことは必要なことである。

多くの実践理論の中から、研究対象として友納友次郎の読み方教授論を取り上げたのは、大正期の国語教育実践理論構築に大きな貢献をした一人でありながら、綴り方教授論ほどには、それが評価されていないからである。教材の性質に適応した教授法の主張、非文学的材料への着目、教師の人格を重視する考え方など、数多くの先導的試行、提唱を精査考究し、その全体像をとらえること、また、その中から今日の実践に生かしうるものを見出したいと考えた。

第二節　研究の方法

本研究において、考察の対象とする書物は、友納友次郎の『読方教授法要義』（大正四年五月、目黒書店刊）と『読方教授の主張と実際』（大正九年五月、目黒書店刊）の二冊である。その二冊を精査考究することにより、友納友次郎の読み方教授論の成立・発展の過程をたどることを研究の中心とした。さらに、芦田恵之助・秋田喜三郎の読み方教授論の概略をとらえることによって、友納友次郎の読み方教授論の特質と、その今日的な意義を見出すことを目指した。

本論文においては、序章、結章のほか、本論として、次の三章を立てた。

第一章　大正期における読み方教授研究の概況
第二章　友納友次郎の読み方教授論の成立――『読方教授法要義』を中心に――
第三章　友納友次郎の読み方教授論の発展――『読方教授の主張と実際』を中心に――

第一章では、芦田恵之助・秋田喜三郎・友納友次郎の大正期における読み方教授研究の概略をとらえることを目的とした。

第二章では、『読方教授法要義』を中心に友納友次郎の読み方教授論の成立を解明することを目指した。考察にあたっては、読本教材論、文章教授論、読み方教授論に分かって考えることとした。

第三章においては、『読方教授の主張と実際』を中心に、友納友次郎の読み方教授論の発展をとらえようとした。考察にあたっては特に注目すべき新しい考え方の示されている文旨論、教師論、方法論を取り上げ、考えることにした。

結章においては、第一章から第三章までの考察をふまえ、友納友次郎の読み方教授論の特質をとらえることと、大正期における読み方教授論から摂取すべきものを見出すことに努めた。

第一章　大正期における読み方教授研究の概況

第一節　芦田恵之助における読み方教授研究の概略

一

芦田恵之助は、明治二十二年（一八八九年）、兵庫県氷上郡竹田簡易小学校の授業生に任じられ、その国語教育実践者としての歩みを始めた。以後、多くの変動を経て、明治三十七年（一九〇四年）九月、東京高等師範学校附属小学校に奉職した。大正十年（一九二一年）に、東京高等師範学校附属小学校を退職するまでの十七年間は、もっとも教職生活の安定した時期であり、国語教育における研究、実践の円熟した時期でもあった。

本書では、この時期に著された『読み方教授』（大正五年四月、育英書院刊）を中心に、芦田恵之助の読み方教授論を考察し、『第二読み方教授』（大正十四年九月、蘆田書店刊）の論述を合わせ考えることで、その読み方教授の展開をとらえたい。

二

芦田恵之助は、『読み方教授』（大正五年四月刊）の中で、「余が最近十年の教授に対する考」（『近代国語教育論大系

5』・一五ぺ・以下『読み方教授』本文の引用は、すべて同上書による。）と題し、その歩みを、三つの時期に分けて振り返っている。その内容を要約すれば、次のようになる。

Ⅰ　「最初の五年間」（明治三十九年頃～四十四年頃）……技術に苦心し、五段階の教順により、「自己の満足を得ようと努めた。」

Ⅱ　「最近の五年間」（明治四十四年頃～大正四年頃）……教材研究を最重要とみなし、教術は教材の要求によって工夫されるもの、五段の段階は必ずしも踏まなくてもよいと考えた。

Ⅲ　「この頃」（大正五年頃）……「『教授は児童が自己の日常生活を解釈し、識見を高めようとする学習態度を確立するのが第一義。』と考へ始めた。」

（以上　同上書・一五ぺ）

これによって、芦田恵之助の読み方教授に対する考え方が、東京高等師範学校附属小学校着任以来、どのように変わってきたかを知ることができる。この流れの中で、ⅡからⅢへの変化は、特に大きな意味をもっている。それは、芦田恵之助自身、Ⅱまでの考えを「旧思想」、Ⅲの考えを「新思想」と位置づけ、その間には断絶があるととらえているからである。

芦田恵之助は、『読み方教授』の序において、次のように述べている。

余が教員生活の二十五年は、外に教育の方法を求めて、一途に之を追ふのであつた。最近には児童の内界に尊き萌芽を認めて、之を助長しようと考へてゐる。この両思想は、昆虫の幼虫から成虫に化つた発育に比すべきものかといふに、彼の道にはこの想なく、この道には彼の想がない。即ち余の旧思想が滅びて、新思想が生れたのである。

（『近代国語教育論大系5』・九ぺ）

ここには、「外に教育の方法を求め」た従来の「旧思想」と、現在の「児童の内界に尊き萌芽を認めて、之を助長しよう」とする「新思想」とは、全く異質であること、その間に断絶のあることが、明確に述べられている。何が、この大きな変化をもたらしたのであろうか。

芦田恵之助は、『第二読み方教授』の中で、『読み方教授』を著した頃を振り返り、「静座五年、私の思想も内からする傾を持ち、綴り方教授の研究も次第にそちらに伸びていきました。その目で読み方教授を見るとき、改良すべき多くのものを見出しました。」（同上書・四〇九ぺ）と述べている。また、『恵雨自伝』（昭和二十五年、同志同行社刊）の中には、次のような思いが示されている。

私はひそかに私の一生を二つに区分して、かりに前半生、後半生となづけるのだつたら、四十の秋、岡田先生(1)の門に参じて、静座の修行をはじめた時をもつてしたいと思います。即ち前半生とは、外に生きんとして、自ら疲れた時代。後半生とは、内に生きんとして、低処に安心を求めた時代といつてみようと思います。

（同上書・二〇一ぺ）

右に引用した『第二読み方教授』と『恵雨自伝』の文言を、『読み方教授』の「序」に述べられたことと合わせ考えるとき、ⅡからⅢへの大きな変化は、芦田恵之助自身の目が、外から内へ向けられることによって生じたものであることが理解できる。

そのような芦田恵之助自身の変化の中で生まれた『読み方教授』は、静座によって開かれた内省の目で、自らの読み方教授を振り返り、新たな読み方教授を構築しようとの思いに立って著された書物と言える。しかし、同時にそれは、芦田恵之助個人にとどまらず、当時の国語教育界に対する批判の書でもあった。論述中にしばしば見られる、「従来の」「現今の」という修飾語を付した批判の多さが、それを物語っている。

では、芦田恵之助が否定しようとしたものとは何か。新しく打ち立てようとした読み方教授とは、どのようなものであろうか。以下、それについて考察してみたい。

三

『読み方教授』は、「緒言」「読み方教授論の意義」「読み方教材」「読み方教授上の諸問題」「読み方の教授者」の五章と、尋常一学年から高等科までの学年別に立てられた七章の、計十二章から成り立っている。なかでも「緒言」は、その最後に、それは「余の教育革新に対する要求の綱目」（『近代国語教育論大系5』・二九ぺ）と述べられているように、芦田恵之助の否定しようとしたもの、新しく打ち立てようとした読み方教授を考える上で重要である。

芦田恵之助は、「緒言」において、教授研究の「本」は、「児童の学習態度の確立である。」（同上書・一二ぺ）として、「発動的に学習する態度が定まれば、教授の能事はこゝに終れるものといつてよい。」（同上書・一二ぺ）と述べている。この「児童の発動的学習態度」（同上書・一二ぺ）の確立こそ、芦田恵之助が『読み方教授』において目指す、新しい読み方教授の眼目であった。

芦田恵之助は、「児童の発動的学習態度」確立の必要性についての説述に続いて、「教師の態度」を取り上げ、次のように述べている。

> 教師の発動的態度は教授材料や教授方法を超越した問題である。態度の如何はその教師の教育力全部である。一呼一吸の瑣事より、教授・訓練全般の上に、絶えず閃いてゐるものである。従来の教授研究はこの根本

義を忘れて、枝葉の研究にのみつとめた。したがつて巧妙なる教授の術は之を見ることを得たが、被教育者の一生に影響するやうな徹底した教授は終に見ることが出来なかつた。故に「教授はよろしく拙なるべし。」と喝破した学者もある。要するに教師の態度によつて、児童の学習態度を定むることを研究しなければならぬ。

児童の学習態度を外にして教授の方法を研究すると、そのす丶むにつれて結果は支離滅裂となり、終に帰着するところを失つてしまふ。若しその実例を求むるならば、現代の教授研究が最適例である。分解につぐ分解を以てして、而も不安の雲は払ふによしなき有様である。

（『近代国語教育論大系5』・一二ぺ）

ここで、芦田恵之助は、教授の「根本義」としての「教師の発動的態度」、すなわち「教師の教育力」を問題としている。しかし、その言わんとするところは、傍線を付した部分に述べられている「教師の態度によつて、児童の学習態度を定むることを研究しなければならぬ。」とする考え方であり、先の「児童の発動的学習態度」の確立を、教授の眼目とする考えを受けたものである。従来の教授研究のように、「教授の術」という「枝葉の研究」にとらわれるのではなく、児童そのものに注目する必要性を説いていると言えよう。ここには、先に引用した「序」の「外に教育を求め」る考えから「児童の内界に尊き萌芽を認めて、それを助長しよう」とする考えに変わったとする説明が、敷衍され、明確に示されている。

以上の考察によって、芦田恵之助が構築しようとした読み方教授は、「教師の発動的態度」を教授研究の「根本義」ととらえ、それによって「児童の発動的学習態度」の確立を目指したものであったことが分かる。したがって、『読み方教授』では、「教師の教育力」「教師の修養」ということが、強く求められている。

芦田恵之助は、『読み方教授』において、教授研究の「根本義」を「教師の発動的態度」と見たごとく、あらゆる教育事象をこの「根本義」（「本」）と、それに対する「枝葉」（「末」）とに位置づけて理解しようとしている。自らの「旧思想」を否定したのも、それが、教授において「枝葉」である「方便物」を重視していたからであった。このように、『読み方教授』は、従来の教授研究や実践は、「根本義」たる「本」と、方便たる「枝葉」の転倒による過ちを犯しており、それを自然の姿に戻した形での研究や実践にすべきであるとの考え方で貫かれている。それゆえ、本末の分別こそが、自然の理にかなった教授法を構築する第一歩であるという考え方を示している。

では、芦田恵之助が指摘している従来の教授の具体的な欠陥とはどのようなものであろうか。新しい教授を考えるために、その主なものを次に示してみる。

まず第一は、先の引用の中にも述べられているが、教授研究においては、「本」たる教師の発動的態度は等閑に付され、「枝葉」たる教授の術や教授材料の研究に力が注がれている。

第二に、実践においては、児童の主体性を尊重せず、輔導的立場に立つべき教師が中心となり、画一的・管理的教授が行われてきた。

第三に、教授目的に関していえば、育てるべき児童の発動的態度を等閑に付し、知識の注入を教授の目的と考えていた。

第四に、教授材料としての文章においては、内容・形式の表裏一体であるべき文章本来の姿を忘れ、研究の便宜上行われた内容・形式の分類をそのまま教授に持ち込み、しかも、その取り扱いに軽重をつけ、近年は特に形式に関する枝葉の取り扱いを重視してきた。

第五に、読み方においては、読むことを等閑に付し、不十分な通読の上に、意義・文法・修辞等の取り扱いを試みてきた。

第一と第二は、これまで考察してきた教師と児童に関する問題であり、第三は教授目的、第四は教材、第五は読むこと（通読）に関わる問題である。第一から第五までに指摘された問題を改善することが、本末を正し、新しい教授のためには必要であるということになろう。

以上のような芦田恵之助の教授観は、さまざまな先導的試行を生み出すことになった。以下、その具体的提唱、実践について、考察を加えてみたい。

四

『読み方教授』には、既に言及した「教師の修養」、「児童の発動的学習態度の確立」以外にも、数多くの先導的提唱や試行が示されている。それらの提唱・試行のうち、特に注目すべきものとしては、「自己を読む」の提言、読み方教材に対する主張、国語の内容と形式に対する見解、通読の重視の四点が挙げられる。

芦田恵之助は、読み方教授の意義に関して、「読み方は自己を読むものである。」（『近代国語教育論大系5』・三一ぺ）との提言を行っている。芦田恵之助は、この提言に対して、「文章を読んで、自己を読むのではない。」（同上書・三二ぺ）という反論が出されることを予想し、その予想される反論を手がかりに、「自己を読む」の意味するところを説述している。まず、書き表された文字をたどって、内容を会得する手続きを

　文字の現はす語句に相当する自己の観念を思ひうかべ、それを文字の示す文の形式に連ねて、「作者の思想・感情はかくあるべし。」と想定するのである。（同上書・三二ぺ）

と述べ、さらに続けて、その結果生じる状態を、次のように述べている。

余は想定するといふ。果して作者の思想・感情と一致するか否かは疑問である。勿論文の形式には一定の法則があつて、かゝる形式は、かゝる意義を現はすものと定まつてゐるし、語句にもそれぞれの意義が定まつてゐるが、連想は人々同一ではない。故にある文章に対して読者が百人居れば、解釈は百色である。同時に百人中の何人も作者と全く同一の思想・感情を読み得たとはいはれぬ。

（同上書・三三一～三三二ぺ）

右の二つの引用によって、芦田恵之助が述べようとしたことの眼目は、「読み手が、文章の内容として受けとめるものは、各人各様である」ということがわかる。そのように、受け止め方が各人各様になるのは、自己の持つ観念に合わせて内容を「想定する」からであると説明している。「想定する」と言い、「連想」と言うところに、読み手が、文章の内容を、自己に引きつけて「解釈」するという、「自己を読む」の一つの意味が示されている。

芦田恵之助は、さらに、読み方教授の意義を約言して、次のように述べている。

読み方教授は自己を読ませるのが目的である。自己を読むとは他人の文章によつて、種々の思想を自己の内界に画き、未知の真理を発見しては、之を喜び、悲哀の事実には同情の涙を灑ぎ、かくして自己の覚醒せらるゝを楽しむ義である。

（同上書・四四ぺ）

この約言には、「自己を読む」ことが、単なる内容の「想定」にとどまらず、文章を読むことで、新たな知的あるいは情的経験をし、「自己の覚醒」を楽しむことだと述べられている。

以上のような考察を、先に取り上げた芦田恵之助の、「児童の学習態度の確立」を教授の究極の目的とする考え方に重ね合わせるとき、「自己を読む」の提言は、児童を発動的に学習させることにより、既有の能力・経験を十二分に引き出し、その能力・経験を一層高め、深めようとする教育的意図の込められた提言であることが理解できる。

「自己を読む」の提言は、読み方教授の本質にかかわる問題であった。したがって、以後その解釈をめぐり、種々に論じられた。その結果は、わが国の読み方教授の質を高め、深化させることとなった。その意味において、「自己を読む」の提言は、大きな歴史的価値を有していると言える。

芦田恵之助は、読み方教材に関しても、新鮮味ある主張を行っている。その第一は、「読み方教材と読本とは、全然同一のものではない。」（同上書・四六ぺ）とする主張である。「読み方教材は殆ど読本とのみ解釈されてゐる」（同上書・四七ぺ）時代にあって、読本以外の読み方教材を積極的に認め、「児童の目に触れて感興をひくものならば、読み方教材として価値あるものといはねばならぬ。」（同上書・四六ぺ）と述べていることは注目に値する。この主張も又、「教育は児童の為に行ふ作業である。」（同上書・四七ぺ）という立場に立って行われた、児童に視点を据えた主張と言えよう。

読み方教材に関して、新鮮味ある主張の第二は、右の考え方に立って、「児童のための読本」（同上書・四七ぺ）の必要性を説述していることである。「児童のための読本」は「児童の引付けられる読本」（同上書・四八ぺ）ということであり、児童を引き付けるためには、読本の内容を「児童の生活に接続するものでなければならぬ。」（同上書・四八ぺ）と述べている。そこにも又、児童を教授の中心とする考え方が表れている。また、「児童の能動的学習を教授の根抵」（同上書・五八ぺ）とする立場から、「児童のための読本」に採られる教材は、「作者の書かんとする思想を、何等拘束せらる、所なく書いた」（同上書・五四ぺ）ところの「『文の真意義にかなつた文章』でなければならぬ。」（同上書・五四ぺ）とも述べている。そこには、芦田恵之助の児童本位の文章観を見出すことができる。

芦田恵之助は、国語教育界において明治期以来大きな問題であった「内容主義」と「形式主義」の問題にも言及している。その中で、「国語を内容と形式に分けて考へはじめてから、国語教授は著しく光沢を失つたやうに思ふ。」（同上書・七三ぺ）と述べ、「研究の方便である」（同上書・七三ぺ）分解を、国語教授に持ち込んだことを不都合なことだと説明している。文章を単に内容と形式に分解して考えるだけでは不都合であるとの判断に立って、「形式を離れて内容なく、内容を離れて形式もない。内容形式相合致したところに生きたる国語が存在するのである。」（同上書・七三ぺ）との考えを示している。さらに、「内容・形式を教授上から見ると、軽重の問題ではなくて、先後の問題である。」（同上書・七三ぺ）と芦田恵之助独自の考え方を示している。大正五年以降においても、しばらくの間、この問題が論議されていた事実を思うとき、芦田恵之助が『読み方教授』で示した、この考えは、先見的なものであったと言うことができる。

今一つの先導的提唱は、「通読」の重視である。芦田恵之助は、「読むといふことは読み方教授の第一義である。」（同上書・七四ぺ）と述べ、「真に読むといふことが出来れば、教授は七分まで成功である。」（同上書・七四ぺ）と述べている。しかし、現実には、「不十分なる通読の上に、意義・文法・修辞等の取扱を試みてをる。」（同上書・七四ぺ）として、「徹底した通読」（同上書・七四ぺ）を要求している。その意図するところは教師が通読を重視することによって、「児童の通読に対する努力を喚起」（同上書・七六ぺ）し、それがやがて「読めるといふ自信」（同上書・七六ぺ）を児童に与え、「自学の道を走り、自らその天賦に応じた発達を遂げる」（同上書・七六ぺ）ように仕向けるところにある。児童の「発動的態度」を重視する芦田恵之助が、読むことの教授に関し、児童に「自信」を与え、「自学」の道に入らせることを意図し、個に応じた「発達」を期待していることは、当然のことと言えよう。

また、芦田恵之助は「文章を教授する意義は、文章面にあらはれた内容を、通読によつて会得させるのが目的である。」（同上書・九八ぺ）と、文章教授の観点からも、「通読」の重要性を指摘している。しかし、芦田恵之助の主張する「通読」の重要性は、その回数の多さを要求するのではない。一回ごとの「通読」における「深み」を要求する。それは、「数回断続しての通読を排する」（同上書・七七ペ）ことによって、各通読を「事を一挙に決する」（同上書・七七ペ）つもりで聴き取らせ、「児童の発動的性格の陶冶」（同上書・七七ペ）に資することをねらってのことである。そこには、「児童の発動的性格の陶冶」における、教師の厳しさを見出すことができる。

なお、通読に関して、読み方の教順が示されている。それは「通読→内容・形式の精査→通読→大意調べ→通読」のようにまとめられるが、後の「七変化の教式」への発展過程として注目すべきものといえよう。

以上、芦田恵之助の先導的提唱、試行の主なものを概観してきた。ここで取り上げたもの以外にも、後に垣内松三教授(2)によって「センテンス・メソッド」の実証的事例として紹介された「冬景色」（「尋常小学読本」巻十所収）の授業記録、教師・児童・教材の三者を重視した読み方教授の進め方、教授案に対する主体的な考え方、予習・復習の位置づけなど、注目すべきものがみられる。それらの提唱、試行は、以後、芦田恵之助自身の読み方教授実践を通して、検討されていくことになる。

五

『第二読み方教授』が著されたのは、大正十四年九月のことであり、『読み方教授』の約十年後である。その十年の間には、芦田恵之助の生活上にも、いくつかの変化があった。まず大正十年（一九二一年）には、東京高等師範学校附属小学校を退職し、「朝鮮国語読本」の編纂に携わる。ついで「南洋群島国語読本」の編纂にも従事し、大正十四年（一九二五年）三月には、一切の公的生活を終えている。さらに、同年の九月からは、いわゆる「教壇行脚」を始めることになる。『第二読み方教授』は、ちょうどそうした生活の変わり目に著された。

『第二読み方教授』は基本的には『読み方教授』の考え方の上に立っており、教壇を離れた立場から、『読み方教授』で展開した考え方を再吟味しなおしたものといえる。したがって、その内容は重複するところが多い。しかし、十年間の実践と研究は、それをより深められ、広げられたものとしている。それらの内容のうち、ここでは、『第二読み方教授』において、もっとも注目すべき、いわゆる「師弟共流」の提唱について概説してみたい。

芦田恵之助は、「師弟共流」の提唱にあたり、「教師中心の読み方教授」と「児童中心の読み方教授」を、ともに欠点のあるものととらえ、次のように述べている。

> 引ずつても、教師の思ふ所に児童を引ぱつて行かうといふ、教師中心に欠点があるとしたら、児童の行くがまゝに、教師がついて行かうといふ、児童中心にも欠点がありませう。引くにも罪があれば、押すにも罪がありさうです。（同上書・四六ぺ）

ここには、「教師中心」の教授も、「児童中心」の教授も、児童か教師のいずれかが受身になる教授であり、それは、教授としては望ましくないという考え方が示されている。芦田恵之助は、その考え方に立って、教授のあるべき姿は、「師弟共に向上の一路をたどるべきもの」（同上書・四六ぺ）とする新しい考え方を示している。それは「師弟共に自然の大法を仰いで、自己究明の道にいそしむ底の教授」（同上書・四八ぺ）であり、読み方教授が「帰結点を失い、「混沌として盲動してゐる」（同上書・二八ぺ）状態を解消する「帰一すべき新読み方教授」（同上書・四七ぺ）として位置づけられている。

「共に流るる読み方教授」においては、「教師は児童を教育することによつて、自己を向上させ」（同上書・四八ぺ）、「児童は教師に導かれて向上の一路をたどる」（同上書・四八ぺ）ものと説明されている。また、「師弟相共に触れる環境の一切は、師弟共に自己啓培の糧となるのです。」（同上書・四八ぺ）とも説明されている。それは、教師と児童の両者に「発動的態度」を持つことの必要性を説きながら、両者を切り離し、前者が後者を支えると考えた『読み方教授』の考えから一歩進め、教師と児童が「互いに相利し、相扶くる間柄」（同上書・二九二ぺ）になることを理想とする考え方である。つまり、教師と児童は、教え教えられる関係ではなく、共に学び合う関係ということになる。この「師弟共流」の考えは、教育の本質にかかわる問題であり、「教師も又、学び続けるもの」と位置づけたところに、大きな意義を見出すことができる。

『第二読み方教授』においては、「師弟共流」の考え方を中心に、『読み方教授』で到達した様々な先導的試行が一層深められ、高められている。それらは、さらに「皆読・皆書」の主張や「芦田式教式[3]」へと発展していくことになる。

六

芦田恵之助は、常に学習者たる「児童を生かす」ことをその根底に据えながら、読み方教授の実践、研究を進めてきた。「自己を読む」の提言をはじめ、『読み方教授』でなされた提唱、試行、又『第二読み方教授』で提唱された「師弟共流」の考え方も、すべて、「児童を生かす」というねらいの上に立ったものである。しかし、その「児童を生かす」の考え方は、生半可なものではなく、児童にとっても、教師にとっても厳しさを要求するものであったことは忘れてはならない。それは、自ら厳しく内省し、自らの実践経験を揺るぎのないものとすること、又、他の模倣や借り物ではなく、自らの実践経験をのみ足場として読み方教授の構築を意図したからである。

以上見てきた数々の提唱は、昭和期において、「教壇行脚」という教育実践の中に生かされ、『国語教育易行道』（昭和十年、同志同行社刊）等の著書の中に受けつがれていくことになる。自己の内省の上に立ち、教育の本質を見すえ、自らの実践経験をふまえて児童を生かすことをねらいとするところに、芦田恵之助の読み方教授の特質を見出すことができる。

第二節　秋田喜三郎における読み方教授研究の概略

一

秋田喜三郎は、明治四十三年（一九一〇年）三月、滋賀県師範学校附属小学校訓導に任じられ、国語教育への道を歩み始めた。以後大正九年（一九二〇年）一月、奈良女子高等師範学校附属小学校に転任するまでの十年間は、秋田喜三郎にとって、その国語教育実践者としての礎を築いた時代といえる。本節では、この滋賀時代に書かれた『読方教授の新研究』（山口徳三郎との共著、大正三年三月、以文館刊）と『創作的読方教授』（大正八年十一月、明治図書刊）の二冊の著書を中心に、秋田喜三郎の読み方教授の展開の跡をたどってみたい。(4)

二

『読方教授の新研究』（大正三年三月刊）は、「緒論」「読方の材料」「読方教授の方法」「読方教授の実際」「余論」の五編から構成されている。この著作は、秋田喜三郎自身、『発展的読方の学習』（大正十四年六月、明治図書刊）の序で、「固より幼稚なものに過ぎなかつたが、教授法についてはかなり微細に亘つたもので、私の読方研究の第一礎石を打建てたものである。」（同上書・序一ぺ）と述べているように、わずか四年の教職経験にもかかわらず、教授法を中心として、詳細かつ緻密な論述がなされている。この書の内容は、読み方教授論としては、まだ十分に体系化されてはいないが、実践を見すえて、将来の展望を感じさせる書物である。

今、その注目すべき点は、大きく二つにまとめられる。第一は、第一編「緒論」において、「折衷主義」の読み方教授を提唱していることである。第二は、第二編以下で、読み方教授に関する種々の先導的提唱がなされていることである。以下、この二点について、その概略を述べてみたい。

折衷主義の立場とは、読み方教授の本旨をめぐって、明治以降論議されてきた問題に対する、ひとつの解答であった。当時の国語教育界には、在来の国漢学者の系統をひき、形式的事項の教授を以て、読み方教授の本旨と考える人々と、内容を教授することを以て、読み方教授の本旨と考える人々との二つの大きな潮流があった。秋田喜三郎は、前者を「保守派」、後者を「進歩派」と名づけている。

秋田喜三郎は、両派の長所・短所を端的に指摘し、その短所を除き、長所を生かす読み方教授のあり方を提唱している。それが、「折衷主義」の立場に立つ読み方教授論である。その主張する眼目は、「読書の真の目的は、文章を全体として意味を正確明瞭に理解するにある」（同上書・五ぺ）とする読書観に立ち、形式と内容との一体的取り扱いによって、読書の究極の目的（内容把握）を達成しようとする考えにある。

以上見てきた、「折衷主義」の主張に関して、秋田喜三郎のいくつかの先見性と、国語教授を見つめる目の確かさを見出すことができる。一つは、読み方教授の現状を保守派と進歩派のせめぎ合いととらえ、その進むべき道を折衷的立場に求めた点である。友納友次郎は、「大正三年に於ける国語教授の傾向」（「学校教育」第十三号、大正四年一月刊）の中で、秋田喜三郎のこの考え方をまず取り上げ、大正三年における読み方教授の動向把握の論拠となしている。この一例からも、秋田喜三郎が、当時の読み方教授の動向を、正確に把握していたことが理解できる。また、秋田喜三郎は、内容尊重論者を「進歩派」と名づけたように、将来、読み方教授は、文章の内容把握を中心に行われるだろうと予見している。さらに、その主張するところには、進歩派の域にとどまらず、一歩進めて、大正中期から盛んになる、児童本位の理解鑑賞の必要性を提唱している点にも、その先見性を見ることができる。

以上のように考察するとき、秋田喜三郎の主張する折衷的立場は、従来の形式主義・内容主義の論争に終止符を打つ可能性を持つものであり、読み方教授をより読みの本質に根ざし、児童の発達段階に即応したものにしようとする提唱の一つであったと位置づけることができる。それは、言い換えれば明治期の読み方教授から、大正期の読み方教授への確かな一歩であった、と言うことになる。

次に、『読方教授の新研究』に見られる、先導的試行と先駆的提唱を取り上げてみたい。

先導的試行の第一点として取り上げるべきは、読み方教授と綴り方教授の連絡に言及し、それを重視する考え方が示されている点である。秋田喜三郎は、第五編「余論」の第二章を「読方と綴方との連絡」として、その必要性に言及している。「余論」の中で取り上げたことは、いわば、副次的な扱いといえるが、第三編・第四編の具体的な教授方法・内容の中でもしばしば言及されており、読み方と綴り方の連絡を重視していることがわかる。明治三十三年の小学校令改正以来、「読方」・「綴方」という分科ごとに、教授法の研究が進められてきたが、大正期に至り、次第にその関連が図られるようになり始める。秋田喜三郎の提唱は、その先駆的立場に立つものといえよう。

秋田喜三郎の綴り方と読み方の連絡に関する考え方は、「篇の教授」にもっとも端的に表れている。「篇の教授」は、教材を一篇の文章として総合的に取り扱う教授法であり、その目的は、「一篇の文章を綴る方法を知らしめるのであつて、文章法の一斑を授け綴方作成上の参考に供しようとする」（同上書・二六四ぺ）と述べられている。その根本にあるのは、読み方において綴り方の素地を養おうとする考え方である。この時点における「篇の教授」を中心とする、読み方から綴り方への関連は、形式を中心としたものであるが、次第に本質的な関連へ向かい、「創作的取扱」につながっていくことになる。

先導的試行の第二点は、教材の性質により取り扱い法を変えるべきだ、との考え方を示していることである。知的内容の教材は分節主義で取り扱い、情的内容の教材は総合的に取り扱うこと、又、文種によって取り扱いを変えることなどが主張されている。それは、教材の取り扱いは教材の性質が生み出すべきもので、各作品固有のものであるとする友納友次郎ほど徹底したものではないが、その基本的な考え方は軌を一にするものと言える。そこには、従来の画一的・形式的教授法から抜け出そうとする姿勢を見ることができる。

第三点は、指導ある予習を主張している点である。当時、盛んに自学主義が唱道され、読み方教授においても、その主張が予習を中心に取り入れられていた。秋田喜三郎はその傾向を歓迎しながらも、行われている実際は、「指導なき予習である。方案なき予習である。」（同上書・三二七ぺ）として批判している。「予習は自動作業の一である。児童をして真に自動せしめるにはそれに応ずる指導を与へその訓練を附けておかねばならぬ。」（同上書・三二八ぺ）と考える秋田喜三郎は、具体的留意事項として、児童の発達程度に応じた予習事項の決定、系統的な指導による予習方法の会得、自習の習慣化を挙げている。

しかし、予習に関して最も注目すべきことは、それが自学主義の考え方と結びつき、自学輔導主義の読み方教授へと発展的に向かう契機となったことである。

以上取り上げた三点以外にも、先導的試行や、後の秋田喜三郎の読み方教授の基調をなす考え方が、随所に見うけられる。例えば、児童の読書力養成のために応用（構成的応用・読解的応用）の取り扱いを重視していること、指導の系統性・段階性を尊重すること、「作者想定法」の萌芽とも見られる作者の吟味を、教順の中に位置づけていることなどである。

三

大正八年十一月、秋田喜三郎は、『創作的読方教授』を著している。この書の生まれたいきさつは、『発展的読方の学習』（大正十四年六月、明治図書刊）の序の中に詳しく述べられている。それによれば、『創作的読方教授』生成の誘因として、二つのことが挙げられている。一つは、自学自習を基調とした新説の唱道であり、他の一つは、大正七年に国語読本の改正が行われ、「新鮮味ある」ものとなったことである。

ここに挙げられた誘因を見るとき、第一のそれは、秋田喜三郎自身が『読方教授の新研究』以来、「自学輔導主義」の読み方教授を指向していたことと合わせて考えれば、容易に理解できる。同じ方向をめざす新説から、多くの刺激と自信を与えられたことが予想できるからである。

第二の誘因である大正七年から使用され始めた「尋常小学国語読本」の「新鮮味ある」改正については、秋田喜三郎が、昭和十八年に書き上げた『初等教育国語教科書発達史』（昭和五十二年、文化評論出版刊）によって、うかがい知ることができる。秋田喜三郎が、この書の中で、「尋常小学国語読本」の新機軸として取り上げているものは、児童本位の文章、文章本位、趣味ある表現手法、自然な形での言語表現（対話）の採用、分量の増加、児童の興味に即した教材選択などである。これらの新機軸が「新鮮味ある」と受け止められた内容と考えられる。児童にとっては親しみやすく、教師にとっては新思潮（自由主義の思想、自学自習等）を実践するのにふさわしい読本が、秋田喜三郎の実践意欲、研究心を刺激したといえよう。

以上のような誘因をもとに著された『創作的読方教授』の構成は、次のようになっている。

第一章　文章観
第二章　読方教授と創作的取扱
第三章　作者の想定
第四章　文章の理解
第五章　想の翫味

第六章　表現法の吟味
第七章　応用の取扱
第八章　文章研究
第九章　教授の実際
第十章　読方考査法の革新

右の章立ては、文章観から読み方教授の目的、具体的提唱、実践、考査法へと順序立てられ、前著『読方教授の新研究』と比べ、体系立ったものとなっている。そこには、秋田喜三郎自身の成長を見るとともに、読み方教授論の骨格の完成をも感じとることができる。

この章立ての中で最も注目すべき点は、第一章に「文章観」が取り上げられていることである。管見にすぎないが、秋田喜三郎の第一著『読方教授の新研究』を始め、当時までに書かれた読み方教授の書物の中で、「文章観」を冒頭に挙げているものはない。ほとんどが目的観から始まり、方法論に入る形式をとっている。

秋田喜三郎は、「文章教授をなすには、先づ教授者の文章観を確立しておかねばならぬ。」（同上書・一ぺ）と書き始めている。続けて、文章観を確立しないものが、文章教授に携わることは、暗夜に提灯を持たない者が道を行くようなものであり、自らの文章の信念に動揺があるようでは、児童に文章を理解させることなどできないと述べている。「文章観」を最初に据えたところには、読み方教授の本質を文章の本質に即して究明しようとする、秋田喜三郎の先駆的な姿勢を見出すことができる。

では、秋田喜三郎が持つべきだとする文章観とはどのようなものであろうか。秋田喜三郎は、それを「新文章観」と呼び、旧来の文章観を根本的に覆し、新文芸の新思潮によって樹立されたものと位置づけている。

「新文章観」に基づく文章の特色としては、⑴　真実、⑵　想本位、⑶　個性、⑷　新技巧、の四つを挙げている。「(1) 真実」は、事実を重視し真実を書くこと、「(2) 想本位」は、文章の形式と内容のうち、内容（「想」即ち思想感情）を重んじること、「(3) 個性」は、旧来、類性を重んじたのに対して、個性を重んじ創作を強調すること、「(4) 新技巧」は、自然主義でいう「無技巧の技巧」のことであると説明されている。

このような文章観をもって、読み方教授に臨もうとすれば、教師は教材に向かい、まず、どのような作者が、何を、どんなふうに表現しようとしているのかを研究する必要がある。秋田喜三郎は、そのことを第八章「文章研究」の中で、「真の文章研究真の教材研究は、作者の地位に立つて文章を創作する過程に直入して、文章そのものを根本的に吟味する創作的研究であらねばならぬ。」（同上書・二六二ぺ）と述べている。その際具体的な研究として、「作者の吟味」「想の吟味」「表現法の吟味」が必要であると述べている。

以上見てきたような文章観とそれに基づく文章研究法を持って、教師は読み方教授に臨むことが必要であるとする主張が、『創作的読方教授』の出発点として位置づけられる。

続いて、その中心的な提唱である「創作的読方教授（取扱）」について考察してみたい。

秋田喜三郎は「創作的読方教授」の提唱にあたって、まず読み方教授の目的に言及している。その依拠するところは、小学校令施行規則であるとしながらも「法文にも不備な点があり、その解釈も亦人により多少の異見があり、且以下述べんとする創的《ママ》取扱の核子となるものであるから」（同上書・二四ぺ）として、次のような見解を示している。読み方教授の目的には、「言語・文字・文章の知識及び国民的常識を授与して、児童の知的内容を拡充し、豊醇にすることに努める」（同上書・二五ぺ）実質的目的と、「言語の発表力、文字文章の読解力と鑑賞力、並に熱烈なる国民的志操と、高尚なる文学的趣味の養成に努めて、児童の心力練磨に資せんとする」（同上書・二五ぺ）形式的目的とがある。読み方教授の究極の目的は、その両者を調和的に陶冶することで「人格の完全円満なる日本人を教養すること」（同上書・二五ぺ）であると述べている。この目的観に立って、読み方教授の当面の仕事を「他人の文章を咀嚼玩味して、その思想感情を把握せしめる事」（同上書・二六～二七ペ）と押さえ、読み方教授の本質を「形式を通して内容を探ぐる仕方を授くる」（同上書・二七ペ）と位置づけている。ここで注目すべきは、『読方教授の新研究』に比べ、読み方教授の目的に対する考えが、法令に依拠しながらも一層独自なものに深められていること、折衷的立場をとるとしていた教授における形式、内容の問題を「内容形式の一致があつて、其の調和的の取扱が真の読方教授である」（同上書・二九ペ）と明確に止揚していることである。

これまで概観してきた「新文章観」と読み方教授の目的・本質の上に立って、具体的教授法としての「創作的読方教授」が提唱されているのであるが、そのめざすところは「創作的自学的」読み方教授法の構築である。では、秋田喜三郎のいう「創作的自学的」あるいは「創作」「自学」とはいかなるものであろうか。

秋田喜三郎は、マクマレー⑸の「創作力とは新問題を提起する事、新しき又は無組織の材料を自力で新系統に分類する事、及び新な研究に成功する力である。」（同上書・三〇ペ）との言葉を取り上げ、「創作」の意味するところを示している。秋田喜三郎は、創作には、其の人独自の工夫により作り得た場合に言う主観的なものと、誰もがまだ成し得ていなかった場合の客観的なものとがあると述べ、小学校においては、前者によって創作能力を養い、漸次後者へ到達する素地を与えなければならないとしている。そして、創作に大切な要件として「独自の力であるといふこと」「創意を包蔵するといふこと」（同上書・三〇ペ）の二点を挙げている。

右のような考え方の上に立って、秋田喜三郎は、「創作とは自己の過去経験を根基として、新しき物を作り出すことである」（同上書・三一ペ）、又「創作とは自分自身の観方・考へ方・感じ方を文章に表現することである。」（同上書・三一ペ）と規定している。さらにその規定の上に立って、文章教授における「創作的取扱」の意義として、次の二点を示している。

1．作者を想定し、文章を通して想の観方・考へ方・感じ方を翫味させること。（同上書・三二ペ）

2．児童をして作者の地位に立たせて、その表現に就て鑑識批判させること。（同上書・三六ぺ）

1は文章の内容にかかわり、2は形式にかかわる取り扱い方である。

1においてねらうところは、教師の人格を通して児童を作者（仮想の作者）の想（思想感情）と純一にさせること、想の翫味によって起こる情操的活動を創作に結びつけることの二点である。秋田喜三郎は、前者の受動的活動を、後者の能動的活動に連絡するところに、読み方教授と綴り方教授の本質的連絡を見出している。

2においてねらうところは、内容（想）と形式を切り離すことなく文章を鑑識批判させ、想と形式の一致点を吟味させることである。それは又、児童の表現力を増加させることにもなるという考えにつながる。

秋田喜三郎は、「創作的読方教授は、一面から見れば一種の綴方教授であつて、其の間には、密接不可離の深関係を有するものである。」（同上書・三七ぺ）と自ら述べているが、右の1・2の意義を見るとき、綴り方を常に念頭に置いた読み方教授を「創作的読方教授」と名づけた所以は明確に理解できる。

以上のような考えをふまえて、秋田喜三郎は、「創作的取扱」による価値を、次のようにまとめている。

1．読方教授の真目的に合致してゐる。

2．読方教授に新生命を付与する

3．真の読解力・真の読書の趣味を養ふことが出来る。

4．読方と綴方を本質的に連絡させることが出来る。

5．文学的趣味を養ふに適してゐる。

（同上書・三七～四一ぺ）

四

秋田喜三郎は、「創作的取扱」を実効あるものとするために、具体的教授法において様々な提唱や工夫を行っている。以下、それらの具体的提唱や工夫を取り上げて考察してみたい。

注目すべき提唱の第一は「作者の想定」（以下「作者想定」と表記する）である。「創作的取扱」において最も重要な概念は「想」であり、その把握が読み方教授の到達点とされている。秋田喜三郎は、その「想」を把握させる最適切の方法として「作者を想定すること」を位置づけた。「作者を想定すること」は、「文章の背景を描出すること」（同上書・四三ぺ）であり、それによって、文章を通して作者の想の見方・考え方・感じ方を翫味させることができると考えたからである。

秋田喜三郎は、「作者想定」の具体的内容として、その範囲と仕方を次のように説明している、まず、「作者想定」の範囲は、「文章によつて一定する訳には行かない。」（同上書・四七ぺ）と断った上で、想定に必要な要件として、「身分年令」「位置」「態度（知的・情的・意的）」「事情境遇」「社会的地位」の五項目を示している。次に、「作者想定」の仕方については、三つの観点からそのあり方に言及している。その第一点は資料の相違についてであり、文章中に作者が現れているものはその文章の吟味により、作者が現れていないもの又は傍観者の位置にあるものは、想の上から児童にふさわしい作者を想定すると説明されている。第二点は「作者想定」を行う人の問題であり、文章吟味により明らかにし得るものは児童にさせ、それ以外の場合や、児童の想定した作者の条件の具体化、作者の明示されていない詩歌の作者とその社会的地位を明らかにすることは教師の役目であると述べられている。「作者想定」は一度きりではなく、「文章吟味と共に其の深味を増していくやうに取扱ふことが緊切である。」（同上書・六七ぺ）と教授段階ごとに深めながら、繰り返し行うことの必要性を強調している。

以上見てきた秋田喜三郎の「作者想定」という提唱は、当時の国語教育界の問題意識とも合致し、内容理解の有力な方法の一つとして、受け入れられていくことになる。

提唱の第二として取り上げられるべきは「想の翫味」に関するものである。秋田喜三郎は、「想」と文章の関係及び読解力・鑑賞力について次のように言及している。

作者が観、考へ、感じて得た複雑錯綜せる想は、文章を中心としてその周囲に渦紋を巻いてゐるのである。その想が単純化せられ凝結したものが文章である。故に単純化せられた文章を通して、その周囲に漂ふ複雑な想を味はふには、読解力・鑑賞力がなければならぬ。

（同上書・一三七ぺ）

右の引用には、①文章に表れているのは作者の「想」の全てではない、②「想」を味わうためには「読解力」だけではなく、「鑑賞力」も必要である、という二つの重要な考えが示されている。この二つの考えに立てば、秋田喜三郎の主張する「読方教授の到達点は想の把握にある」とする考え方は、文章に表現された事実（内容）だけを理解（読解）することにとどまらず、文章に表現されていない複雑錯綜した「想」までも味わうこと（鑑賞）が必要であるということを意味している。秋田喜三郎自身も「単純化せる文章を通して、複雑錯綜せる想を翫味させることは読方教授最後の到着点で、真の理解、真の読書の趣味は此處に啓培せられるのである。」（同上書・一三八ぺ）、又、「其處（引用者注・作者の想）まで突き進んで味つてこそ真に徹底した読方教授と謂ひ得るのである。」（同上書・一三八ぺ）と明言し、読み方教授を「想の翫味」まで進めることの必要性を説いている。

このように見てくるとき、秋田喜三郎の「想の翫味」に対する提唱は、やがて来るべき鑑賞教育重視の時代への第一歩であったと、とらえることができる。後に鑑賞教育論の立場に立つ宮川菊芳[6]は、その著『現代読方教育の実相と批判』（大正十五年六月、厚生閣刊）の中で、秋田喜三郎の右の考え方を自らの「味はふことの指導」と比較して、「氏の方が早く混迷から脱出して自己の進むべき方向を明瞭に握つたと言はなければならぬ。」（同上書・五六ぺ）と高く評価している。

この鑑賞教育論への先駆的立場を「想の翫味」の持つ第一の意義であるとするならば、第二の意義は、「文を味はふ深さは読解力・鑑賞力に比例する」（『創作的読方教授』・一三七ぺ）とする考え方を打ち出している点である。秋田喜三郎は、芦田恵之助の「自己を読む」の提言にも言及しながら、文章を読むことは、自分の力の範囲内でしかできないことではあるが、それによって自分の力を拡張することができるのだという考え方を示している。そうした考えに立って、秋田喜三郎は、教師は「児童の読解力・鑑賞力を養ひ、自己発展の原動力を付与しなければならぬ。」（同上書・一三八ぺ）と結論づけている。そこには、読解力・鑑賞力の養成をもって、児童の自己発展への契機と見なす読み方教授の意義に対する新しい考え方を見出すことができる。

提唱の第三点として取り上げるべきは、教授段階における工夫である。すでに考察したごとく、「創作的読方教授」の眼目を「児童をして作者の文章を理解させ、更に翫味させてその想及び表現法を味得させる」（同上書・二八二ぺ）ことととらえた秋田喜三郎は、それに最も適切な教授法として、自学主義の教授法を挙げている。その理由としては、「文章を創作的に即ち作者の位置に立つて咀嚼翫味して自己を創造するには、自己活動による努力が最も必要であるからである。」（同上書・二八二ぺ）と述べている。さらに、その「自己活動による努力」は、「創作的取扱の生命とする所である。」（同上書・二八二ぺ）と、創作的教授は自学主義の教授法でなければならないとする考え方を示している。ただ、小学校では「真の自習」は要求できないとして、従来から主張してきた「自学輔導主義」の教授を採用すべきだと結論づけている。

秋田喜三郎はこういった「創作的読方教授」の眼目と「自学輔導主義」の教授法とに合致する、一般的教授段階として、「精読課教授段階」と「通読課教授段階」とを示している。ここでは、理解のために「精読課教授段階」を示しておく。

一・予備的問答

二．目的指示
三．予習
四．試読（1．通読　2．誤読訂正　3．摘書　4．範読　5．大意問答）
五．解読（《語句内容の吟味》質疑解明）
六．自習（1．課題提出　2．児童自習　3．個別指導）
七．精読（1．想の翫味　2．表現法の吟味）
八．達読
九．書取及応用
　一～九の各段階に「作者の想定」　（同上書・二八三～二四八ぺ）

右の教授段階は、固定的なものではなく、教材や児童により変化するものであり、「教材と児童が本、方法は末、飽くまで主客を転倒してはならぬ。」（同上書・二八三ぺ）と断られているが、秋田喜三郎の先に見た意図は看取できる。この教授段階は、『読方教授の新研究』に示された「準備・教授・整理」の教授段階に比べると、理解から翫味へという、文章教授の目的に合致した展開をとっている点において、進歩したということができる。

細かく見れば、「精読課教授段階」の六に「自習」が位置づけられていることにも注目すべきことである。従来、予習段階で行われていた自習を、教授段階の中心に、「精読」の素地作りとして位置づけ、「課題提出」とそれに基づく能力別の学習・教授を提唱していることに意義を見出すことができる。

また、「精読課教授段階」だけでなく、「通読課教授段階」を提唱したことも、先導的試行として位置づけられる。それは、新しい国語読本の精神を汲み入れるとともに、当時高まりつつあった多読主義の主張に答えたものとして位置づけられよう。

以上見てきた提唱以外にも、多くの先導的試行や提唱を見出すことができる。「想」の上に立った表現法の吟味、文字教授における発動的態度の尊重、教師による「想」の描出と児童による「想」の表明の区別とその方法、読本以外の教材への着目、文章区分における「全課法」の主張などがそれである。

五

『読方教授の新研究』と『創作的読方教授』の二著を中心に、秋田喜三郎における読み方教授の展開を概観してきたが、その底にあるものは、古い考え方や方法を打破し、新しい、よりよい読み方教授を構築しようとする熱意である。「保守派」「進歩派」の考え方を止揚し、「折衷主義」の立場に立つ読み方教授論を提唱したのは、その一つの現れである。また、新たな思想や新読本に接し、「創作的読方教授」を提唱したのも同様である。

その熱意は、読み方と綴り方の本質的連絡を図る主張や、「自学輔導主義」に立つ教授法の構築、「作者想定」の方法等の形をとって結実した。それらは、いずれも明治期から大正期の読み方教授への展開の中にあって、先導的役割を果たしたものとして、高く評価をすることができる。

なかでも、秋田喜三郎の読み方教授において注目すべき一つは、「自学輔導」の考えとそれに基づく実践であり、他の一つは綴り方との連絡を見通した「作者想定」法による読み方教授の二点である。前者は、大正九年（一九二〇年）一月から始まる奈良女子高等師範学校附属小学校時代においても、木下竹次(7)を中心とする「学習法」の研究、実践の中で生かされていく。後者も又、前者同様、以後の研究、実践の中に生かされていくのであるが、同時に戦後提唱された「筆者想定法」の源流としての意義も付け加えることができる。

以後、秋田喜三郎は、奈良女子高等師範学校附属小学校において、同僚の山路兵一(8)らとともに、その研究、実践を深化、推進していくことになる。その成果は、『児童中心国語の新学習法』（大正十一年、明治図書刊）、『発展的読方の学習』（大正十四年、明治図書刊）、『読本全課発展的読方の実際』（大正十五年、明治図書刊）等の著書として公刊された。これらの著書では、滋賀時代に培われた文章観、国語教育観を踏まえ、新たに「学習法」の考え方を取り入れた学習中心、文章本位の読み方指導のあり方が展開されており、秋田喜三郎における読み方教授の一層の発展を見ることができる。

第三節　友納友次郎における読み方教授研究の概略

一

友納友次郎は、明治二十八年（一八九五年）、福岡県遠賀郡芦屋尋常小学校の代用教員として、教育者の道を歩み始める。しかし、二年後の明治三十年（一八九七年）には、福岡師範学校に入学するため、代用教員を辞めることになる。友納友次郎が、正式の教員として教壇に立つことになるのは、さらに四年後の明治三十四年（一九〇一年）四月、門司尋常高等小学校においてである。明治四十年（一九〇七年）には、福岡女子師範学校附属小学校に移り、明治四十五年（一九一二年）まで同校において教鞭をとることになる。しかし、まだ国語教育実践者として、注目される実績は残していない。

友納友次郎が、国語教育実践者として頭角を現し、活躍を始めるのは、明治四十五年（一九一二年）四月、広島高等師範学校附属小学校訓導となってからのことである。以後大正八年（一九一九年）八月、小倉市学務課長となって広島を去るまでの七年余の広島時代が、友納友次郎の国語教育実践、研究の最も充実した時期であった。

本論文は、この広島時代に著された『読方教授法要義』（大正四年四月、目黒書店刊）と、小倉時代に刊行された『読方教授の主張と実際』（大正九年五月、目黒書店刊）の二冊を中心に、友納友次郎の読み方教授論を考察することになるが、本節では、国語教育実践研究者として最も充実していた広島時代を中心に、その読み方教授の展開をとらえたい。

二

友納友次郎が、広島高等師範学校附属小学校に移った二年後の大正三年（一九一四年）一月、同高等師範学校教育研究会の編集による雑誌「学校教育」が創刊される。友納友次郎は、創刊号（大正三年一月刊）に「国語教授の欠陥」と題する論文を発表する。以後この雑誌を舞台に、自らの国語教育に対する所信を発表し続けることになる。広島高等師範学校附属小学校在職中に、「新刊紹介」等の雑文も含めて、およそ三十編を発表している。それは、だいたい三冊に一回の割合である。

創刊号に発表された「国語教授の欠陥」は、その内容を「読み方教授」と「綴り方教授」とに分けてまとめられている。友納友次郎はその「読み方教授」を「読み方の教授に対する余が主張の骨子となつてゐる思想は、従来の分解的教授法が徒らに繁瑣な手数を煩はし、而も効果なき事実を救はうといふ考から生まれ出たものである。」と書き出し、当時の一般的教授法である「分解的教授法」を批判することから始めている。その論述の中には、教師の「教材を動かす力」の重要性、「教材は同時に取扱の方法を提示する」という考え方、文学的材料は「総合的直覚的の態度」をとることの必要性など、後の友納友次郎の主張の骨格となる提唱を見出すことができる。

当時の「分解的教授法」を批判することから、その国語教育への主張を始めた友納友次郎は、大正三年（一九一四年）五月、それらの見解をまとめて一著となし、『実際的研究になれる読方綴方の新主張』（目黒書店刊）として発表する。『実際的研究になれる読方綴方の新主張』は、三篇十七章からなり、第一篇が読み方教授、第二篇、第三篇が綴り方教授に関する論述から成り立っている。第一篇は七章からなり、それぞれ「国語教授の精神を没却せること」、「智的取扱に偏せること」、「言語の教授を忽にせること」、「語法及び修辞法の取扱につきて」、「教授の方法画一的に偏せること」、「教授の方法を構成する諸要件」、「国語教授の一般的規範及び其適用」となっている。それは「自序」にも述べられているごとく、「現時の読み方教授が著しく画一的な方法に囚はれ分解の弊に陥」っている「事実を挙げて私の所見を述べ」、それに対する新たな提唱を行う形式となっている。

『実際的研究になれる読方綴方の新主張』の第一篇の内容は、約一年後に『読方教授法要義』として、一冊の書物にまとめられる。詳細な説明、考察は、本論文第二章にゆずるが、この書は、「総論」「本論」「教材論」「教授論」の四篇からなり、とくに「本論」第五章の「文章の教授」および「教材論」「教授論」の各篇に見られる具体的提唱に注目すべきものが見られる。「教材」を「文学的材料」と「非文学的材料」に分かち、それぞれの性質に応じた取り扱い法を提唱したこと、「文旨」を中心に据えた文章観とそれに対応した読み方教授法構成の要件、又、読み取りの教順を定めたことなどが、その主なものである。

友納友次郎は、『実際的研究になれる読方綴方の新主張』第一篇を、体系的に組み直し、具体的考察を充実させることにより、『読方教授法要義』を成立させた。その意味から、この『実際的研究になれる読方綴方の新主張』において、友納友次郎の読み方教授論の構築が一応なされたものと見なすことができる。

友納友次郎は、大正九年（一九二〇年）五月、『読方教授の主張と実際』を世に問うことになる。この書は、その「自序」にも述べられているごとく、「各地で講演したものを衆議院の速記技手杉山直喜氏に嘱して速記せしめたもの」である。それ故、その内容は、講演にふさわしく、具体的引例、挿話に富んだものとなっているが、『読方教授法要義』以降、友納の獲得したものが、その中に多く挿入されている。

『読方教授の主張と実際』は、「概論」「各論」「余論」の三篇からなり、とくに第二篇「各論」に、新たな提唱、試行を見出すことができる。第二篇は、「文旨論」「教材論」「形態論」「教師論」「方法論」の五章に分かれている。なかでも第四章として「教師論」が立てられていることは注目される。大正初期から、広島高等師範学校の佐藤熊治郎教授(9)の論考を中心に、その考え方を摂取していた「人格的教育学(10)」の影響と結実をそこに見ることができるからである。

大正八年八月に、小倉市学務課長に転出する時をもって、友納友次郎の教壇生活は実質的に終わるのであるが、以後も国語教育にかかわる仕事に携わっていく。大正十年（一九二一年）一月に、芦田恵之助と綴り方をめぐり、小倉における立ち会い講演会を行ったことは有名な事実である。その年の六月には、芦田恵之助の跡をついで、文部省図書局嘱託となり、国定国語読本の編纂に従事する。大正十一年（一九二二年）には、東京都墨田区寺島尋常小学校長を併任し、実践現場を指導する任にあたる。

しかし、大正十三年（一九二四年）、文部省図書局嘱託、および寺島尋常小学校長の職務を辞任し、以後は、著述生活に専念することになる。国定国語読本編纂に従事した経験をもとに『各課精説国語読本の真使命』全十二冊（大正十四年一月〜大正十五年六月、明治図書刊）や『国語読本の体系――読本は斯うして出来ている』形態篇・内容篇各一冊（昭和二年五月、明治図書刊）等の著書を著したのは、この時期である。

昭和期に入っても、『読方教育原論』（昭和七年五月、明治図書刊）や『大道を行く読方教育』（昭和十一年二月、明治図書刊）をはじめ、「読本」に関する解説書などの著述を中心に、読み方教授への関わりは保たれていく。それは昭和十年代の半ばまで続いていくことになる。

三

明治期から続けられてきた「分解的教授法」を批判することから、国語教育への批判を始めた友納友次郎は、教材の性質に着目し、そこから生まれる教授方法を主張することで、新たな読み方教授の構築をめざした。その過程で、教材の「文旨」に着目し、「文学的材料」と「非文学的材料」の類別を主張し、教授規範を見出していった。さらにまた、人格的教育学をはじめとする教育思潮を、積極的に取り入れ、自らの読み方教授論を充実させていった。そこには論理的な思考と、卓見、それに旺盛な知識欲を見出すことができる。

友納友次郎が『読方教授の処方と実際』でたどり着いたのは、教師の教育力を重視した読み方教授であった。それは教師の「眼識」によって教材に適応する教法を見出すという考え方、「教授は教師と児童の共産」とする考え方に現れている。大正期における友納友次郎の読み方教授の到達点をそこに見出すことができる。

第四節　ま と め

大正期の読み方教授研究は、明治期の読み方教授を批判することによって始まった。ヘルバルト[11]学派の五段階教授に代表される形式的画一的教授、分解的教授法、注入主義の教授、秋田喜三郎が「保守派」と名づけた形式重視の教授、それらが批判の対象であった。

しかし、古い読み方教授を否定することだけで、新しい読み方教授が生まれてくるわけではない。古い考え方や方法に変わる、新しい考え方や方法が用意されなければならないのは当然のことであった。教授観、文章観、教材観、教師観、児童観、教授方法など、様々なものがその対象であった。

本章で取り上げた、芦田恵之助、秋田喜三郎、友納友次郎は、そうした困難な状況を切り開き、新しい読み方教授構築の仕事を進めていった先駆者と言えよう。それぞれの営みは、三者三様であったが、そのめざす所は同一であった。

芦田恵之助は、児童の「発動的態度」の確立を目標に据え、教師の「発動的態度」によって、新しい読み方教授の構築を成し遂げようとした。秋田喜三郎は、新しい文章観に依拠し、文章の作者に着目することによって、それをめざし、友納友次郎は、教材の性質を重視することによって、目標に到達しようとした。

新しい読み方教授の確立のためにとられた三者三様の方法は、その基底において、ほぼ重なり合うものであった。学習者たる児童の尊重、教材研究の重視、教師の人格陶冶の強調、又、綴り方教授との緊密な関連の提唱、文章観の確立など、それぞれが独自性を保ちながら、共通に提唱し、主張した事柄であった。それは又、三人に代表される大正期読み方教授研究において、異口同音に唱えられた事柄でもあった。

以上のような考察をもとに、以下大正期読み方教授の生成発展の過程をたどってみたい。考察の便宜上、二つの時点（大正三、四年頃・大正八、九年頃）を中心に、その前後という視点で、それぞれの時点、時期における読み方教授研究の過程をたどることとする。

第一の時点である大正三、四年頃は、秋田喜三郎の『読方教授の新研究』（大正三年三月刊）と友納友次郎の『実際的研究になれる読方綴方の新主張』（大正三年五月刊）、『読方教授法要義』（大正四年四月刊）の著された時である。秋田喜三郎は、「折衷主義」の立場に立つ読み方教授を提唱し（筆者注・雑誌「教育学術会[12]」大正三年一月号に掲載された「現今国語教育の二潮」で最初の提唱をする。）、友納友次郎は、分解的教授を批判し、又、教材の性質に適応した教法の主張をする。

この時期は、それ以前の読み方教授（明治期の読み方教授）を批判し、新たな読み方教授への胎動が始まった、いわば大正期読み方教授の草創期である。

第一と第二の時点の間（大正五年頃～大正七年頃）は、大正三、四年頃から始まった新しい読み方教授の胎動が、次第に大きくなり、確かになってきた時期である。教材に目が向けられ、内容重視の考え方が次第に浸透してきた。さらに、芦田恵之助の『読み方教授』（大正五年四月刊）によって、形式・内容一体観の考え方が明確に示され、「自己を読む」の提唱によって、読むことの本質が問われ始め、児童重視の考え方が広がり始めた時期とも言える。

第二の時期である大正八、九年頃は、秋田喜三郎の『創作的読方教授』（大正八年十一月刊）と友納友次郎の『読方教授の主張と実際』（大正九年五月刊）の著された時である。秋田喜三郎は、新文章観に立った児童本位、想本位の読み方教授を主張し、いわゆる「作者想定法」を打ち出した。友納友次郎は、人格的教育学の立場に立って、教師の教育力の充実を強調している。大正七年から使われ始めた「尋常小学校国語読本」の斬新さや、外国からの自由思想等の流入も加わって、自由教育[13]、児童中心の教育が興隆し始めた時と言える。

大正十、十一年頃以降は、次の昭和期の読み方教授への過渡期と言えよう。生命主義[14]や文芸主義[15]などの様々な立場に立つ読み方教授の提唱、実践の行われた時代であった。

以上、芦田恵之助、秋田喜三郎、友納友次郎の三人の著作をもとに、大正期の読み方教授の生成と発展を概観した。むろん、教師の関心を向けたものの違いによって、第一の時点頃までを教法に苦心した時期、第二の時点を中心に、教材に目が向けられた時代、あるいは、第一から後、児童中心の考え方が次第に広まっていった時代というようなとらえ方もできることは言うまでもない。いずれにしても、芦田恵之助、秋田喜三郎、友納友次郎の三人の読み方教授研究の足跡を押さえることで、新しい大正期の読み方教授が次第に構築されていった跡を明確にたどることができた。

注

（1）岡田先生　岡田虎次郎　一八七二（明治五）年～一九二〇（大正九）年。岡田式静坐法の創始者。芦田恵之助は、一九一二（大正元）年より岡田虎次郎に師事し、内省を深める。以後、この静坐による内省が、芦田の教育思想を支える核となる。

（2）垣内松三教授　一八七八（明治十一）年～一九五二（昭和二十七）年。東京帝国大学を卒業し、東京帝国大学講師、東京女子高等師範学校教授、東京高等師範学校教授を歴任したのち、昭和五年からは東京文理科大学講師を兼ねる。はじめ国学の伝統を研究したが、次第に国文学、文芸学、国語教育科学等を含んだ独自の「形象理論」を提唱し、完成させた。その支脈の一つとしての「解釈学」は、『国語の力』（大正十一年五月、不老閣書房刊）において構築された。垣内松三は、この書において、芦田恵之助の『読み方教授』に見られる「冬景色」の実践記録を、センテンス・メソッドの実例として位置づけるなど、芦田恵之助の実践を学理的に位置づけることに力を貸した。

（3）芦田式教式　芦田恵之助の創始し、実践した国語科教授法。読み方教授法と綴り方教授法からなるが、読み方教授法は、いわゆる「七変化」に代表される。「七変化」とは、1　よむ、2　とく（話し合い）、3　よむ（師）、4　かく、5　よむ、6　とく、7　よむ　からなる読み方教授過程を言う。昭和十年代前半には完成に至った。

（4）山口徳三郎　秋田喜三郎の滋賀県師範学校時代の主事。

（5）マクマレー Mcmurry, Charles Alexander 一八五七年～一九二九年。アメリカの教育学者。弟のフランク・モートン（一八六二年～一九三六年）とともに、ヘルバルト学派の運動に尽くした人。児童の生活経験を重視し、『プロジェクトによる教授』（一九二〇年刊）で、大単元による諸教科の統合的取り合いを主張した。

（6）宮川菊芳　一八九一（明治二十四）年～一九五一（昭和二十六）年。新潟県高田師範学校訓導を経て、東京高等師範学校訓導となる。終始、文芸的陶冶を第一義とする読み方教育を主張し、その方法論としての鑑賞的取り扱いに特質が見られる。主要著作としては『読方教育の鑑賞』（大正十三年十一月、厚生閣刊）、『読方教育に於ける鑑賞指導』（昭和六年十二月、人文書房刊）などがある。

（7）木下竹次　一八七二（明治五）年～一九四六（昭和二十一）年。鹿児島県女子師範学校校長、京都女子師範学校校長等を歴任したのち、一九一九（大正八）年、奈良女子高等師範学校教授兼同附属高等女学校、附属小学校主事となる。以後「合科学習」を提唱し、同校は大正自由教育のメッカ的存在となり、全国的に大きな影響を与えた。主要著作としては、『学習原論』（大正十二年三月、目黒書店刊）、『学習各論』上・中・下（上・大正十五年三月、中・昭和三年四月、下・昭和四年、目黒書店刊）がある。

（8）山路兵一　一八八三（明治十六）年～一九三六（昭和十一）年。福岡県師範学校附属小学校訓導兼福岡県女子師範学校附属

小学校訓導を経て、一九一八（大正七）年、奈良女子高等師範学校附属小学校訓導となる。児童の自由な活動を学習の基調とする読み方教授を主張した。主要著作には『読み方の自由教育』（大正十二年、明治図書刊）、『読方の学習態度と其の建設』（昭和二年三月、明治図書刊）などがある。

（9）佐藤熊治郎教授　一八七三（明治六）年～一九四八（昭和二十三）年。美というものを科学的に論ずることを排し、表現の深奥に流れる生命を追体験することに美の世界を認めた。ドイツ観念論の影響が強い。友納友次郎は雑誌「国語教育」に掲載された人格的教育学にかかわる論考を中心にその影響を受けた。主要な著作には、『教授方法の芸術的方面』（昭和五年十月、目黒書店刊）。『文化と教育上の諸問題』（大正十一年十一月、東京宝文館刊）などがある。

（10）人格的教育学　リンデ・E（P155参照）の『人格的教育学』が一八九六年に公刊された前後から、ドイツに起こった新しい教育学の流れのひとつである。リンデの、学校教育から主知主義や方法万能を排し、教師の人格を重視する考え方を元にしている。リンデは、のぞましい教師の人格の本質は、個性的で、熱情にとみ、自由と活動性と生産性とを発揮する点にあると考えた。この考え方は、当時の芸術教育運動と直結したものであった。

（11）ヘルバルト Herbart, Johann Friedrich　一七七六年～一八四一年。ドイツの哲学者、心理学者、教育学者。哲学、心理学を基礎として、体系的教育学を確立した。それは、教授は明瞭、連合、系統、方法の四段階をもって成り立つとの考え方に代表される。彼の教育学は、多くの後継者を得てヘルバルト学派を形成し、我が国においても明治二十年以降、教育界に大きな影響を与えた。

（12）雑誌「教育学術会」　東京の同文館から出されていた教育雑誌。明治三十一年十一月創刊。

（13）自由教育　第一次世界大戦の終結を機に欧米各国から流入したデモクラシー思想、自由主義の教育説に支えられ、隆盛となった教育運動をいう。教育方法の改新を中心活動とし、各地で様々な提唱、実践が試みられた。代表的なものとしては、兵庫県明石女子師範学校における及川平治を中心とする実践、千葉県師範学校の手塚岸衛を中心とする実践があげられる。

（14）生命主義　ディルタイやシュプランガーの生命の哲学を基調として、大正末期から昭和初期にかけて台頭した文化教育思想を言う。読み方教育においては、千葉春雄『読み方教育要説』（大正十五年七月、厚生閣刊）や佐藤徳市の『生命の読方教育』（大正十五年三月、厚生閣刊）等の著作に、その主張を見ることができる。そこには、文学の本質を生命体と見、その生命体に触れることによって自己形成、人生組織をはかることに価値を認めている。

（15）文芸主義　大正末期から昭和初期にかけて提唱された読み方教育における実践理論の一つであり、文芸によって人間の教育をすすめようとする考え方に立っている。片上伸の『文芸教育論』（大正十一年九月、文教書院刊）が代表的著作である。

第二章　友納友次郎の読み方教授論の成立
――『読方教授法要義』を中心に――

第一節　読み方教授論の成立

友納友次郎は、大正四年（一九一五年）四月、その前年（大正三年）五月に刊行された『実際的研究になれる読方綴方の新主張』（目黒書店刊）の第一扁「読み方教授の刷新」の内容を敷衍し、『読方教授法要義』（目黒書店刊）として、一冊の書物にまとめている。『実際的研究になれる読方綴方の新研究』が全三篇のうち、二篇を綴り方に割き、綴り方中心の書であったことを考えれば、『読方教授法要義』は、友納友次郎が著した、読み方教授に関してまとまりのある最初の書物であると言える。

友納友次郎は、『読み方教授要義』の「自序」の中で「国語教授の進歩は著しいものがあるにもかかわらず、まだなか〳〵解決の出来ない重要な問題が沢山に残つてゐるやうに思ひます。」と述べている。そこには、この著書で「大方の御指導を仰ぎたいと言ふ希望」とともに、いくらなりとも、それらの問題にいどみたいという意欲を見出すことができる。

友納友次郎は、読み方教授論を展開するに当たって、まず読み方教授の目的を次のようにとらえている。

読むべき当体たる言語や文字文章が表はす所の内容を、正しく理解し、確実に吟味し、且十分に玩味する所の力を養ひ、尚それ等の言語や文字などを、自由に使用し得る所の技能を養ひ、正しく自己の思想を表彰し得るだけの素地を拵へ上げると言ふのが主目的で、それと共に知徳を啓発し、人格の陶冶に資すると言ふのが窮極の目的である。

（同上書・一～二ぺ）

ここには、読み方教授の目的を、言語の能力をつけることととらえ、そのことを通して、国民としての望ましい人格形成を図ろうとする考え方が示されている。それは要約して言えば「国語其の物を通して、国民としての性情を陶冶する」という考え方に帰着する。

友納友次郎のあげた、読み方教授の目的は、まだ「小学校令施行規則」に依拠したものであり、独自のものとは言えない。しかし、アメリカのジョンストン[1]の「国語は現代の文明に接触する為の中心教科である」（同上書・三ぺ）という説を引用し、国語の重要性を強調しようとするなど、なんとか独自性を発見しようとする姿勢を見出すことができる。

そのように、『読方教授法要義』は、まだ全てが独自の見解で構築されているわけではない。しかし、先に述べたように、読み方教授法に関する最初のまとまった著作であること、教材の類別に関して「非文学的材料」という柱を立てるなど、いくつかの独自性を見出せることなどを考え合わせるとき、この書物によって、友納友次郎の読み方教授論の成立が、一応なされたとみなされる。

『読方教授法要義』は、四篇十八章からなり、自序、目次、本文ともで四七三頁（うち本文四六〇頁）からなる著作であり、その構成は次のようになっている。

第一篇　総　論

第八章　教材の地方化
第九章　予習及び復習

全体として、組み立てを見るとき、第一篇の第二章が異質なものであり、第一篇自体、「総論」とはなりえていない。しかし、第二篇以下は、自らの実践をふまえた、文章教授論、教材論、読み方教授論という骨組みになっている。各篇の内容を概略すれば次のようになる。

第一篇においては、国語教授の本質に対する考え方を、「民俗性の陶冶」「現代文明の紹介」「国語の使命」に分けて述べ、同時に読み方教授の材料たる第二期国定読本（「第一種尋常小学読本」及び「高等小学読本」）について、その概要を紹介し、読者の便に供しようとしている。

次に、第二篇は「本論」と題し、友納友次郎自身もその「自序」の中で、「中軸たるべき部分」と述べているように、国語教授における自らの基本的考えを詳説している。その構成は、言語の教授及び文字の教授に論及したのち、言語のレベルに従って、語句の教授から個文の教授、文章の教授へと進めている。話し言葉、書き言葉の両面に目配りのなされている論述となっている。

さらに第三篇においては、教材を「文学的材料」と「非文学的材料」とに分かち、それぞれの価値、内容等に触れながら、その取り扱いに至るまでを、読本教材の具体例を取り上げながら考察をすすめている。本文の約三分の一にあたる一四七頁を費やし、第二篇「本論」に次ぐ分量を割いていることは、「教材こそが教授法を生み出す」とする友納友次郎の読み方教授法の中核をなす見解を具現化したものとして注目される。

第四篇においては、従来一般的に行われてきた形式的段階説に囚われた教授法を批判し、否定することから始めて、新たな教授法を求めて苦闘した様子が述べられている。第一篇から第四篇までを通してみるとき、『読方教授法要義』には、著者友納友次郎の読み方教授論が成立のための基盤を獲得し、それを踏まえた上でより新たな読み方教授に向けて動き始めたばかりのものであることが強く感じられる。

以上を前置きとして、以下、『読方教授法要義』を中心に、友納友次郎の読み方教授論がどのように成立し、どのような意義をもっていたか、読本教材論、文章教授論、読み方教授論の各観点から考察を加えていきたい。

第二節　読本教材論

第一項　文学的材料と非文学的材料

友納友次郎は、『読方教授法要義』第三篇において、読本教材論を展開している。そこでは、読本教材をその性質により、大きく文学的材料と非文学的材料とに分かち、それぞれに応じた教材法を提唱している。

第三篇の構成は次のようになっている。

第七節　文学的材料の取扱

第二章　非文学的材料に対する態度

第一節　非文学的材料の価値

第二節　非文学的材料の内容

第三節　非文学的材料の取扱

第一章第一節は、文学的材料と非文学的材料の相違について論述しており、第三篇「教材論」の導入となっている。第二節から後、文学的材料は、価値・特質・内容・形式・種類・取扱に、非文学的材料は、価値・内容・取扱に分けて、それぞれ考察している。この二種類の教材に対する考察は、ともに七〇頁前後であり、いずれかに重点の偏ったものではない。又、非文学的材料において省かれた特質・形式・種類も、価値・内容の考察の中で言及されており、除外されているわけではない。非文学的材料においては、特質・形式・種類は、文学的材料におけるほど、取り立てるべき必要性を持っていないと考えられた結果である。本項ではまず、友納友次郎の教材論のもとになる文学的材料と非文学的材料の相違に対する考え方について考察してみたい。

友納友次郎は、第一章第一節において、読み手の受ける印象の違いから説き起こし、「全然その成立が違つてゐる」文章の例として、「高等小学読本」巻三の「小袖曽我」および「尋常小学校読本」巻十二の「辻音楽」と、「高等小学校読本」巻四の「法律及び命令」の二種類の文章を取り上げ、文章にこのような成立の相違が生じるのは、書き手の態度が異なるからであると述べている。前者は、「事実に籠つてゐる情趣を伝へるといふことが主となつて」(同上書・二二八ぺ)いる文章であり、後者は、「先づ知識に訴へて何等かの知見を得させやうとする」(同上書・二二八ぺ)文章であると、それぞれ指摘している。

教材の分類に対する、友納友次郎の基本的な立場は、文章に対する書き手の態度の相違こそが、多くの文章の性質を変えるものであるとする考え方におかれている。すなわち、文章には、そこに表現された事実を通して「情緒感興に訴へることを目的として成り立」（同上書・二二九ペ）った文章と、「知識に訴へて事実其の物を他人に伝達しようと言ふ見地から成り立つてゐる」（同上書・二二九ペ）文章とがあるということになる。当時一般に前者は「文学的の材料」、後者は「知的実用的の材料」と称されていたが、友納友次郎はこのような考えを踏襲せず、「文学的材料」と「非文学的材料」の名称を与えている。当時の一般的な呼称を用いず、独自の名称を与えたこと（とくに「非文学的材料」の名称を用いたこと）には、友納友次郎の独自の教材観がこめられている。

「尋常小学校読本編纂趣意書」（明治四十三年）によれば、読本には人文的材料と実科的材料とを併採したこと、さらにその材料を修身・歴史・地理・理科・実業・法制経済・文学等に分類したことが記されている。こうした人文的材料と実科的材料の分け方に従わず、それらの下位項目の一つである「文学」を一つの柱として立て、それに対して、他の材料を一括した「非文学的材料」という柱を立てたことには、いかなる理由があるのであろうか。時代の傾向と合わせ考えるとき、次のようなことも、理由として考えられよう。

1．人文的材料と実科的材料という分類は、分類の基準として不自然である。人文に対しては自然が対置されるべきものであるし、人文的材料の中にも、実践的材料と同じく説明的文章になったもの、又、知的理解をもとにし実用的文章も含まれるはずである。さらには、実科的材料の中にも文学的性質を備えたものもあるはずである。

2．友納友次郎が、その論考「大正三年に於ける国語教授の傾向」（「学校教育」第十三号、大正四年一月刊）の中で、「国語は文学である」とする考え方を紹介しているように、当時次第に文学的教材を国語科の中心に据えようとする傾向があった。又、当時使用されていた国定二期の「尋常小学読本」（以下「尋常小学読本」という）自体も、明治三十年から使用された「尋常小学読本」に比べ、文学的要素が増加していた。そうした当時の国語教育界に見られ始めた文学重視の傾向を受け止める形で、文学的材料を一つの柱とした。3．2で述べた文学重視の傾向が、従来の説明的文章を中心とした知的分解的取り扱いに対する反動を下敷きとしており、逆に文学教育偏重になることを憂慮し、その警鐘の気持ちをこめて、「非文学的材料」という柱を立てた。

しかし、これらは、副次的な理由と思われるのである。友納友次郎が、読本教材を「文学的材料」と「非文学的材料」の二つに大きく分けて、研究実践を進めようとしたのは、単に教材の内容の違いや、当時の読み方教授の動向に流されただけのことではないと思われるからである。『読方教授法要義』には、友納友次郎の日々児童に向かいあう実践者としての姿勢、教授の実際を見つめ、経験をふまえた着実な歩みを見出すことができる。

友納友次郎は、その論考「国語教授の欠陥」（雑誌「学校教育」第一号、大正三年一月刊）の冒頭に、自らの読み方教授の源を、次のように表明している。

　読み方の教授に対する余が主張の骨子となつてゐる思想は、従来の分解的教授法が徒らに頻繁な手数を煩はし、而も効果なき事実を救はうといふ考えから生まれたものである。（同上書・二〇ぺ）

友納友次郎は、この言葉に続けて、分解的教授法の弊を次のように述べている。

　我が国語教授をして著しく智的分解的に偏せしめ、国語読本の精神を没却せしむるに至らしめた。（同上書・二〇ぺ）

ここに述べられた、「智的分解的に偏」した従来の教授法を修正し、国語読本の精神を蘇らせようという願望が、友納友次郎をして、教材の性質に着目した教授法の構築に向かわせたものと考えられる。「国語教授の欠陥」の中で、友納友次郎は、教授法と教材の関連について、次のように述べている。

余は国語の教授といふものに対して普遍的の方法といふものは、全然あるべきものではないといふ考を抱いてゐる。われわれが取扱つている教材は雑多な内容といろいろな形態とを以て表はされてゐる。従つてこれに応ずる態度も亦いろいろでなければならぬものである。厳密にいふならば一つの文章に対する取扱は唯一であるといふことが出来ると思うふ。

すべて国語の教材は同時に取扱の方法を提示するものであると考へなければならぬ。従つて教材其物が教授の方法を要求し規定するものである。教材の取扱は教材の性質が生み出すべきもので各篇固有のものである。決して一般的普遍的のものではないといふことを忘れてはならないのである。　（同上書・一二一ぺ）

ここに友納友次郎の教材と教授法の関連に対する考え方は、すべて表されているといってよい。そこには、「普遍的な教授法はない↓なぜならば、雑多な内容といろいろな形態の教材があるからである↓したがって、それぞれの教材の性質に合致した取り扱いがなければならぬ↓それゆえ、教材は教授を規定するものである」という一連の論理が認められる。

右のような教材の性質によって教授法を変えるべきであるとする友納友次郎の立場からすれば、全ての教材を画一的に知的分解的に取り扱うことは、文章の性質を無視し、国語読本の精神をないがしろにするものであった。なかでも、文学的材料を知的分解的に取り扱うことは、その弊害の最も大きなものであると受けとめ、次のように述べている。

就中文学的作篇に於ては分解的説明的の態度をとつて一々詳細な分解や解剖に遇つてはたまつたものではない。どこまでも総合的直覚的の態度をとり唯単に理解せしむるのみに止らず愉快な性質の作篇に対しては心から喜び、悲しむべき材料に接しては心から泣くといふやうな感動を与へ、真に国語の趣味を感得せしめなければならぬ。（同上書・一二三ぺ）

当時一般に行われていた知的分解的取り扱い法は、「文学的材料」の性質に適応するものではないと結論づけた友納友次郎は、まず、文学的材料に適応する取り扱い法を変えようと試みた。それが右の引用にもある「総合的直覚的」の取り扱い法である。しかし、一方で「勿論教材其物が知的に偏してゐる場合は其の教材相当に知的取扱の必要もあらうし知的の方法を採つて然るべきであらう」（雑誌「学校教育」第一号・一二三ぺ）と述べているように、従来の知的分解的方法を知的教材に用いることも全面的に否定しているわけではない。

文学的教材に適した「総合的直覚的」取り扱い法を主張し、従来の知的分解的取り扱い法と並べてみるとき、友納友次郎の批判した画一的分解的教授の弊は一応解決することになる。同時に、この二つの取り扱い法は、書き手の文章に対する態度の違い（それは教授のねらいの相違にも一致する）にも対応しうるものであった。

無論先の引用にあるように、「厳密にいふならば一つの文章に対する取扱は唯一である」とする友納友次郎の立場に立てば、取り扱い法は無数に考えなければならないのであるが、それでは実際的ではないし、また必要もないことである。基本的な考え方を押さえ、個々の教材に即して変化させていくことが実践的方法として適している。

友納友次郎は、以上見てきたような知的分解的教授法に害されている国語教授の実態と、自らの教材の性質が教授法を規定するという考え方に立って、まず緊急に取り扱い方法を変えるべき文学的材料と、従来の取り扱い法のままでよい材料、すなわち文学的材料のような取り扱い法をしなくてもよい材料の二つに類別したものと思われる。前者を「文学的材料」、後者を「非文学的材料」と名づけ、教材類別の二つの柱とした所以をそこに見出すことができる。

しかし、実践的、実際的見地に立って行われた、この教材の類別で、すべての教材を明確に分類することは不可能である。友納友次郎自身、次のように述べている。

此の分類は頗る大ざつぱな分け方で、厳密に考へると両者の何れに入れても差支のないやうな材料が少くない。

（『読方教授法要義』・三一九ぺ）

このように考えるとき、「文学的」「非文学的」と名付けられた二つの用語は、文章の典型的な性質を表したものとして解釈できる。言い換えれば、「文学的」は「情趣感興を中心とした」、「非文学的」は「知的・実用的な」と言えよう。そこには、主たる二つの性質を押さえることで、「雑多な内容」の文章に対応し、その取り扱い法を工夫しようとする友納友次郎の考えを見ることができる。すなわち、友納友次郎は、文章は「文学的」、「非文学的」の性質をそれぞれ有しており、その比率の違いによってその文章特有の性質が生まれると考えた。そして、その比率（性質の現れた箇所）に応じて、「総合的直覚的」と「知的分解的」の取り扱い法を使い分けようと考えたのである。

以上のように考察するとき、「文学的材料」と「非文学的材料」は、友納友次郎の実践的経験によって生みだされたものと言えよう。

以下、第二項で「文学的材料」、第三項で「非文学的材料」について考察してみたい。

第二項　文学的材料に対する態度

一　文学的材料の価値

友納友次郎は、第一章第二節「文学的材料の価値」の論述にあたって、読本教材中から「大原御幸」（「高等小学読本」巻四所収）や「村上義光」（「高等小学読本」巻二所収）、「森林」（「高等小学読本」巻二所収）を例として取り上げ、それらの教材が読者に与える各篇特有の情趣感興について述べている。それぞれの教材は、「悲哀の感」、「悲壮の感・壮烈の感」、「自然の美趣」を感じさせると説明されているが、こうした情趣感興を読者に与える、文学の価値について、友納友次郎は、次の二つのことをあげている。

ア・文学的材料の教授は、児童各人の精神的萌芽の均斉的な発達に役立つ。

イ・文学的材料の教授は、国民的精神の継承に役立つ。

アは、児童一人ひとりに着目した発達的視点に立つ考え方であり、イは国民的精神の見地に立った考え方である。

アについては、友納友次郎自身が本書の中に記しているように、藤代禎輔博士[2]の考え方に依拠したものである。すなわち、「吾々は本来色々の精神的萌芽をもつて生まれて来たものである」（同上書・二三八ぺ）が、「吾々の精神は働かす機会がなければ萎縮する。之に反して之を適当に働かせると非常な快感を覚えるものである。嬉しいことや楽しいことは無論のこと、悲しいことでも、恐ろしいことでも、一種の快感（引用者注・藤代禎輔博士は、これを「機能の快感」と名付けている）を伴ふものである」（同上書・二三九ぺ）との考え方をふまえている。日頃あまり使用しない筋肉を練磨することによって、身体各部の平衡を保ち、筋肉を均斉的に発達させるように、文学的材料を教授することによって、児童の精神についても偏りなく発達させ、その平衡を保ち、調和を図っていこうという考え方である。普段の生活では経験しえないこと、あるいは経験しがたいことを、文学的材料を学ぶことによって補おうというという考え方である。

イのような考えについては、ドイツのヒルデブラント(3)の「一国の文学は其の国民の精神的遺産である。国語の教授は児童をして此の国民的精神の遺産を相続するに十分な鍵を与へるものである。児童は之によつて其の宝庫を開き、先人の思想感情意志を十分に理解し体得し、以て伝来の思想を消化し継続し、更に精神上の開拓に従事しなければならぬ」（同上書・二四三〜二四四ぺ）という考えと、「取扱としては十分其の真情を玩味し、其の心持を味ひ、以て愛国心を養ひ、国民としての覚悟を決めさせるといふやうな方面に力を用ひなければならぬ。」（同上書・二四四ぺ）という考え方に依拠している。ここには、友納友次郎が、文学的材料を、国語教授の究極の目的である「国民性の陶冶」を行うべき材料として、位置付けようとする姿勢を見ることができる。

右のように考察するとき、友納友次郎は文学的材料の価値を、文学の持つ人間形成の働きに見出し、それを教育という営みの中に位置付け、「精神の調和的発達を備えた国民の育成を図るところ」とみなしていることがわかる。

二　文学的材料の特質

友納友次郎は、文学的材料の特質を、「どんな知識を与へようとか、どんな徳性の涵養に資せうとかいうやうな明確な考へ」（『読方教授法要義』・二五三ぺ）で説明することのできない、「偉大な影響を人心に与へる」（同上書・二五三ぺ）ところに見出している。それは、文学的材料が、分解して考えることのできない「情趣感興を第一の要素として成り立つたもの」（同上書・二四六ぺ）であり、各作品は多様な「情趣感興（情緒）」が種々に結び付いて「特殊なものとして表はされてゐる」（同上書・二四八ぺ）との考え方に立っているからである。

右のような考え方に立った友納友次郎は、文学の取り扱いについて、藤代禎輔博士の「自己の利害関係ある現実を脱離しなければ美的観賞は出来ぬ」(同上書・二四四ぺ)という考え方を引用し、文学も又、自己の利害を離れた「第三者の位置にあつて其の事象に感興する」(同上書・二四五ぺ)ことが必要であると述べている。それは言い換えれば、「現実を離れて鑑賞の世界に入」(同上書・二四六ぺ)ることである。友納友次郎は、「尋常小学読本」に採られた「斎藤実盛」(巻十所収)や「熊王丸」(巻十一所収)、「画工の苦心」(巻十一所収)を例として取り上げ、「現実の世界を離れて鑑賞の世界に入」ることが、作品に書かれた事実に対して、深い感興に打たれることであると説明している。

しかし、現実生活においては、事物を、「自己中心で実用的の方面から」(同上書・二四九ぺ)とらえようとする傾向があるため、イギリスのラスキン[4]が、文学的情趣を「愛情」「尊敬」「欽仰」「喜悦」「嫌忌」「憤怒」「恐懼」「悲哀」の八つに分けて説明しようとしたようなとらえ方をすることが多い。そのため「物の特性といふものが滅却され、其の真相を捉へることが出来ないことになる。」(同上書・二四九ぺ)と論述している。文学的材料の鑑賞においては、「自己中心」の態度は避けなければならない、というのが友納友次郎の考え方である。

友納友次郎は、西晋一郎博士[5]の指導を受け、文学的材料を「第三者の位置にあって其の事象に感興する」という態度を、「物其の物に接し、物になって見る態度」「有るが儘に見る、直覚するという態度」と一歩進めた表現に置き換えている。さらに又、「本来物の見方に二様の見方」(同上書・二五〇ぺ)があり、一つは「相対的の見方」あるいは「批評的の態度」、今一つは「絶対的の見方」あるいは、「没我の態度」又「同情的の見方」と称するとの考え方を紹介し、「第三者の位置にあって其の事象に感興する」という態度は、後者の「絶対的見方」、「没我の態度」によるものだとも位置付けている。

友納友次郎は、以上のような考え方をまとめて、文学的材料に対しては、「没我の態度をとつて、其の詩趣の存する所を直覚しなければならぬ。」（同上書・二五〇ペ）と述べている。また、その態度によってのみ、多種多様に情緒が結びついた各篇独有の詩趣なり感興を受けとめることができ、「文学の特質」を生かすことができるとの主張を行っている。

ここには、「情趣感興を第一の要素」とする文学的材料の取り扱いを、「知的分解的」取り扱いから解放し、「総合的直覚的」取り扱いに向かわせようとする、友納友次郎の意図を見ることができる。同時に、より望ましい国語教授の構築のためには、各種の文献にあたることや、直接指導を受けることをいとわぬ、友納友次郎の真摯な姿勢をも見ることができる。

三　文学的材料の内容

友納友次郎は、文学的材料の内容に関して次のように述べている。

文学的の材料は必ず其の気分に対する物、其の心持に伴ふ事象といふものがなければならぬ。吾々は此の因となり之に随伴する事象をこゝに文学的の材料の内容と名づける。（『読方教授法要義』・二五四ペ）

右の引用からは、友納友次郎が、文学的材料の生命である「情趣感興」（気分・心持ち）を、書き手に引き起こし、又、読み手に伝える働きのある事象を、「文学的材料の内容」と名づけたことが読みとれる。具体的な理解のために、「カラス」（「尋常小学読本」巻一所収）と「四季の月」（「高等小学読本」巻一所収）に対する説明を、次に引用してみたい。

1．「カラス」

カアカア　カラスガ　ナイテイク。
カラス　カラス　ドコヘイク。
オミヤノ　モリヘ　オテラノ　ヤネヘ。
カアカア　カラスガ　ナイテイク。

晩鴉の時に急ぐ夕暮の有様と作者の秋興が一所になって、此の韻文の内容は出来たのである。つまり詩想は此の晩鴉の事象にふれて動かされたものである。あれあれ鴉がかあかあと鳴いていく。からすどん〳〵お前達は一体どこへ行くのだ。あの鎮守の森へ行くのか、たゞしはお寺様の屋根の上へ行くのか。一体お前達はどこへ行くのかと鴉を呼びかけて言ふやうな形に出来てゐるが、而し其の「晩鴉」「鳴き声」「鎮守の森」「寺の屋根」などによって田舎の静かな夕方の有様が連想されて、こゝに言うべからざる一種の秋興を催ほすのである。

（同上書・二五四〜二五五ぺ）

2．「四季の月」

大原や蝶も出て舞ふおぼろ月

所は大原女で名高い大原、時は蝶の出る春といふのだから、広野は一面に黄色な菜の花や青々とした麦隴の中に、蓮華、蒲公英、菫などが錦を織り出してゐる。おちこちの山々には桃や桜が咲き満ちてゐる有様が先づ連想される。而しそれが朧月夜と来てゐるから、其の鮮かな色彩が朦朧たる月光にぼんやりと霞んで来る。此の景色の中に蝶がちらちらと迷つて飛んでゐると言ふのである。何と美しい詩想ではないか。所が此の美しい朧月夜を連想させるものは、先づ第一に大原と言ふ地名で、次に蝶や朧月などの景物である。而も是等の事象は作者の詩想の因となつてこゝに此句を生んだのである。つまり此の俳句は「大原」「蝶」「朧月」などの事象と之に対する作者の感興とで出来たものに相違ない。

（同上書・二五五〜二五六ぺ）

右の二教材に対する説明は、いずれも詩想・情景について言及したあと、それを「連想」させるものとしての「事象」について言及している。「事象」として挙げられているものを見るとき、友納友次郎が「文学的教材の内容」と名づけたものは、今日のいわゆる「素材」にあたるものであることが理解できる。友納友次郎は「カラス」における「晩鴉」「鳴き声」「鎮守の森」「寺の屋根」、「四季の月」における「大原」「蝶」「朧月」などの事象が、作品を生み出す誘因となるとともに、作品の中に取り入れられることによって、作者の情趣感興を支え、裏打ちする文章の材料となっているととらえているのである。

文学の生命である「情趣感興」の因となり、それを支える働きが文学的材料の内容にあると考えるならば、取り扱いにおいて内容そのものが当然問題となってくる。友納友次郎は、その問題について、次のように述べている。

文学の内容となるものは、言ふまでもなく自然界の現象や人事百般の諸現象を悉く包含してゐるのである。而し吾々が取扱ふ所のものは、之に教育的といふ限定を与へ、非教育的の性質を有するものは悉くこれを排除しなければならぬ。此の意味からして小学校に於ける文学といふものは、余程其の範囲を限定せられてゐるのである。そこで吾々が文学的材料に対する態度は「教育的といふ意味に於て」といふことが主となつて働かなければならぬ。此の材料は如何なる部分に、如何なる教育的意味を有してゐるか――国民としての性格を拵へ上げる為に、どれだけの価値を有してゐるか――といふことが、最も大切な注意である。だから一つの文学的材料に接したならば、先づ其の内容を考察し、其の材料の特質を明らかにしなければならぬ。而して其の材料が如何なる部分に如何なる教育的の意味が含まれてゐるかを考察しなければならぬ。

（同上書・二五七～二五八ぺ）

ここには、文学的材料の内容の範囲が自然から人事に至るまで広範囲にわたるとともに、教育的意味という限定を加わえなければならないという考え方が示されている。とくに後者の「教育的意味」に言及したことは、見落してはならないことである。なぜならそれは、友納友次郎のいう「教育的意味」が、「国民としての性格を拵へ上げる為に、どれだけの価値を有してゐるか」ということを意味し、友納友次郎の考える国民性の陶冶という「国語教授の究極の目的」につながってくる考えだからである。

友納友次郎は、「我が国の文学には我が国の文学としての大なる特色を有してゐる」（同上書・二五八ぺ）として、叙事的文学・叙情的文学・韻文・散文等、幅広く具体的材料を採り上げ、それぞれが「国民性の陶冶」にかかわる事実を説明している。

また、友納友次郎は、「人の趣味感興には内外の区別あるべき理由がない」（同上書・二七四ぺ）として、我が国文学のみならず外国の文学にも、教育的価値の存ずることを示している。さらに「高等小学読本編纂趣意書」の文言を引用しながら、これらの材料を学ばせることにより、「我が国体の尊厳にして、我が民族性の美なる所以を感得せしめなければならぬ。」（同上書・二七六ぺ）とも述べている。

以上考察してきたように、友納友次郎は、「情趣感興の因となり之に随伴するもの」と「文学的材料の内容」としながら、教育の場においては、それに教育的意味を与えなければならないとしている。こうした文学的材料の内容論としては、「国民性の陶冶」を見たところに一つの先見性を見出すことができる。

四　文学的材料の形式

友納友次郎は、文学的材料の形式に関して、次のように論述している。

文学的材料の根本たるべき要素は情趣感興にあることは既に述べた所である。作者は之によつて思ひをのべ読者は之に同感し鑑賞する。ところが此の心、此の思ひを吐露するには先づ夫に伴ふ言葉や言葉遣ひが適切でなければならぬ。それと共に其の言ひ表はし方即ち其の談話や文章の組み立てといふものが適当でなければならぬ。

（同上書・二七六～二七七ぺ）

ここには、まず、文学的材料においては作者と読者が、情趣感興によって結びつけられているという図式が示されている。次に、作者が情趣感興によって思いを吐露するためには、言葉や言葉遣い、言葉の言い表し方といった表現形式が必要であり、それが適切でなければならないという考え方が示されている。

友納友次郎は、情趣感興を文章の生命であり、作品に描かれた事実（筆者注・友納はこれを「文学的材料の内容」といっている）は、情趣感興を読み手に伝えるための媒体であると考えている。その媒体である事実を文章に表現する手だてが「文学的材料の形式」というのである。

右のように考えるとき、友納友次郎は、文学的材料の形式を、作者が感じた情趣感興を内容として作品に表し、それによって読者に伝達する働きを持ったものとして位置づけていることがわかる。すなわち、文学的材料の形式は、文学的材料の生命である情趣感興が作者から読者へうまく伝わるように、作品ごとに工夫された伝達手段ということになる。

伝達手段としての文学的材料の形式が工夫されなければならないことは言うまでもないが、友納友次郎は、理由として二つのことをあげている。その第一は、情趣感興を正しく伝えるには心情を表す言葉の意味内容が抽象的なことであり、第二は、人間の思想・感情は分解して説明できないことである。

第一の理由である心情を表現する場合の抽象的性格について、友納友次郎は、日常生活における具体例を取り上げて、次のように論述している。

「嬉しい」とか「悲しい」とかいふ言葉は、言葉其の物がわれわれの真情を流露し、他人に同感を与へたものではない。か丶る場合（引用者注・日常生活）に於ける「嬉しい」とか「悲しい」とかいふ言葉は事実其の物を目前にひかへ、且それに対する顔貌や身振などに伴つて発したものである。そこで言葉其の物は誠に抽象的なものであるが、それでよく其の場合の気分なり心持なりを言ひ表はし、人に同感を与へるのである。

（同上書・二七七ぺ）

友納友次郎は日常生活において、抽象的な心情表現の言葉が実際に機能するのは、事実そのものを目前にひかえ、かつ表情や身振りを伴うからであると述べている。日常生活におけるこれらの諸要素が除かれた文章表現においては、抽象的な「うれしい」とか「悲しい」という言葉では、情趣感興を正しく伝えることができないというのである。

次に、第二の理由については、「元来吾々の気分や心持といふものは分解して説明の出来るものでない」（同上書・二七七〜二七八ぺ）と端的に述べている。なお、この点については、すでに本書第三篇第一章第三節において、ラスキンが文学的情緒を分解し、説明しようとした試みが失敗したことを取り上げて、言及されている。

では、いったい文学的材料の形式では、どのような工夫がなされているのであろうか。友納友次郎は、文学的材料を散文と韻文に分け、具体的材料を取り上げながら、それぞれの工夫について論述を行っている。以下、散文と韻文について、友納友次郎の考え方を紹介してみたい。

散文について、友納友次郎が取り上げている形式は、次の通りである。（カッコ内は教材名。傍線を施した形式は引用者による）

1．対話を生かした形式（「山内一豊の妻」、「尋常小学読本」巻七所収）
2．独話と地の文を生かした形式（「広瀬中佐」、「尋常小学読本」巻七所収）
3．戦記物語の口調（「斎藤実盛」、「尋常小学読本」巻十所収）
4．漢文調の堅苦しい形式（「張良と韓信」、「尋常小学読本」巻十一所収）
5．物語風の書きぶり（「熊王丸」、「尋常小学読本」巻十一所収）
6．文語体の美文風の書振（「瀬戸内海」、「尋常小学読本」巻十一所収）

いずれも「文学は先づ其の気分や心持をあらはすのに最も都合のよい言葉を選び、之を適当な形に組み立てなければならぬ」（同上書・二七八ぺ）とする友納友次郎の考え方に合致したものとして取り上げられ、説明が加えられている。形式の名付けとこの説明を見るとき、友納友次郎が、文学的材料の形式の具体的な内容として想定していたものは、今日言われる広い意味での「文体」にあたるように思える。

友納友次郎の文学的材料の形式に対する具体的な考え方を示すために、教材「山内一豊の妻」を例に述べられたところを、次に引用する。

「尋常小学読本」巻七の「山内一豊の妻」といふ文章に、先づ馬を買ひ得ない一豊の有様を
一豊もほしくて〳〵たまらないから、家へかへつて、

「あゝ、金がない程残念なことはない。武士としてはあのくらゐな馬をもつて見たい。」

と記し、次いで買ひ取ることの出来る自信のある妻と、絶望せる夫の対話を、

「その馬の直はいか程でございます。」

「金十両」

と叙し、さて意外にも大枚の金子を無造作に、

「どうぞこれでその馬をおもとめあそばしませ。」

と差し出した妻に対して、おどろいた夫の言葉を、

「これは又どうした金か。これまで貧しい暮しをしてゐるのに、こんな大金を持つてゐるなら、なぜあると一言いはなかつた。」

と記してゐる。如何にもよく其の場合に於ける両者の心持が言ひあらはされて読者に色々な連想を与へ、言ふべからざる感興にうたれるではないか。一豊が絶望してゐる側から妻が馬の直を尋ねる。とても金の工面のあらうとは夢にも思はない一豊が「金十両」と答へた言葉には、煩はしいと言はうか、厭はしいといはうか、「えゝうるさい」といふ感じがよくあらはれてゐる。ところが、此の洗ふが如き赤貧の中に意外にも大枚の金を差しつけられて、「これは又どうした金か。これまで貧しい暮しをしてゐるのに、こんな大金を持つてゐるなら、なぜあると一言いはなかった。」といふあたりは、喜びと驚きと疑ひと怨みとが一所になつて余情が言外にあふれ、一豊の形貌や其の場合に於ける室内の有様がありくと見るが如くあらはれてゐる。之に反して十分に自信を持つて、こゝがお金の使ひ所だと決心した妻の言葉は、

「その馬の直はいか程でございます。」

「どうぞこれでその馬をおもとめあそばしませ。」

如何にも余裕があつて而も満足した心持が言外にあふれてゐる。

（同上書・二七八〜二八〇ぺ）

友納友次郎は、本教材を対話形式を巧みに生かした好教材として紹介している。傍線を付した部分に、その根拠となる考え方が示されている。出来事にとどまらず向かい合う一豊とその妻の心持ちが会話（文）を通して十二分に表現され、作者の表現し伝えようとした情趣感興が読者に生き生きと伝わってくるというのである。友納友次郎は、また一豊と妻のセリフを取りあげて「余情が言外にあふれ、一豊の形貌や其の場合に於ける室内の有様がありくと見るが如くあらはれてゐる」「如何にも余裕があつて而も満足した心持が言外にあふれてゐる」とも述べている。そこには、文学的材料の形式の果すべき役割が、文学的材料の生命である情趣感興を読者に十二分に伝えることであるとする友納友次郎の考え方が表されている。つまり抽象的な言葉の羅列や、分解的な説明ではなく、作品に描かれた事実によって、読者に情趣感興を惹起させるところに文学的材料の特色があり、それを可能にするものが形式であるというのである。

次に、韻文の形式に対する友納友次郎の考え方を見てみよう。友納友次郎は、韻文の形式について論述するにあたり、その多種性と重要性を、次のように述べている。

文学の材料の中でも特に韻文には形式の上に厳しい規則が存してゐる。和歌には和歌の作法があり、俳句には俳句の作法がある。其の他漢詩や新体詩には各々それに相当した形式が厳存してゐる。今様には今様の調子があり、朗詠には朗詠の口調がそなはつてゐる。此の形式や声調が人に強い刺激を与へ、悦楽感興の資に供せられるのである。

（同上書・二八四ぺ）

友納友次郎は、韻文には形式が厳存しており、それが読者の心に感興をひきおこすのであると述べている。また、続いて同じように月を詠んだ和歌と俳句を比較したのち、次のようにも述べている。

俳句に対した場合の心持とは（引用者注・和歌に対する感じは）、余程趣が相違する。もとより内容其の物の相違によつて必然想の上に大きな相違が起つて来なければならぬ筈であるが、しばらく其の内容を考への外において形式のみを捉へ来つて考へても、確かに著しい相違が認められるのである。（同上書・二八五ぺ）

友納友次郎は、内容の相違による想の違いは当然ではあるが、形式のみを考えても読者の受ける情趣感興は著しい違いがあるとしている。これによって友納友次郎が韻文における形式を、情趣感興の伝達にあたっていかに重視していたかがわかる。

友納友次郎が読本に載せられた韻文の形式として取りあげ、説明しているものを整理してみると、次のようになる。（カッコ内は教材名）

1．和歌（「四季の月」、「高等小学読本」巻四所収）
2．俳句（「四季の月」、「高等小学読本」巻四所収）
3．漢詩　ア　七言絶句（「維新の三傑」、「高等小学読本」巻三所収）
　　　　イ　五言絶句（「ほととぎす」、「高等小学読本」巻三所収）
4．新体詩　ア　七五調（「近江八景」、「尋常小学読本」巻八所収）
　　　　　イ　五七調（「家」、「尋常小学読本」巻十所収）
　　　　　ウ　七七調（「タコノウタ」、「尋常小学読本」巻二所収）

エ　八七調（「こうま」、「尋常小学読本」巻三所収）
オ　八八調（「とけいのうた」、「尋常小学読本」巻四所収）
カ　雑体（「虫のこゑ」、「尋常小学読本」巻五所収）
（「舞へや歌へや」、「尋常小学読本」巻九所収）
（「風」、「高等小学読本」巻一所収）
（「奈良」、「高等小学読本」巻三所収）

5．朗詠　（「近江八景」、「尋常小学読本」巻八所収）

友納友次郎は、いずれの形式においても、それに特有の「声調」と「格調」があり、それが韻文において感興を惹起するもとであると述べている。なかでも「格調」については、友納友次郎はすべての教材で触れており、形式の相違から生ずる「格調」の違いを韻文理解の上で重視していたことがわかる。

友納友次郎の韻文の形式に対する具体的な理解をとらえるために、一例を示してみる。

三つ四つ五つうち連れて
矢走をさして帰り行く。
白帆を送る夕風に、
声程遠し、三井のかね。　（尋読巻八近江八景）

などは七五調の流麗な格調で、人の諷誦に適する。之に反して

我は元　木曾の桧よ
白雲を　うなじにまきて、

峯高く　空にそびえき。　（尋読巻十家）

などの五七調は、其の格調が如何にも高尚幽玄で落付いた気がする。前にあげた五七調と読みくらべて見ると、彼は流暢で快活で愉快な感じが起こるのであるが、是は如何にも落付いて荘重で、一種悲哀な感興が起つて来る。　（同上書・二八六～二八九ぺ）

右の引用は、雑体の七五調の作品と五七調の作品の格調と、そこから生じる感興について論述した部分である。形式的には類似した点を持ちながら、その相違から生じる格調の違い、感興の違いを的確にとらえている。そこには、韻文における形式、とくに格調の働きを重視する友納友次郎の姿勢を見るとともに、実践的で着実な思考の進め方をも見ることができる。他の形式の説明にあたっても、和歌と俳句、七言絶句と五言絶句を対比紹介するといった方法がとられており、実践家としての手法を見出すことができる。

友納友次郎は、「文学的材料の形式」についての論述を終えるにあたり、これまでの考察をふまえ、散文と韻文の相違を次のようにまとめている。

韻文はすべて人の気分や心持に応じて調和した一つの声調といふものを整へ、一定の格調といふものを保持してゐなければならぬ。此の調和した声調と一定の格調を保持すると否とによつて散文と韻文との差異が起つて来るのである。だから此の両者は材料の性質の上から見れば大した相違はない。唯取扱の上に於て、形式にそれだけの相違を認めて之に適応した方法を工夫すれば宜敷いのである。　（同上書・二九二ぺ）

友納友次郎は、散文も韻文も材料の性質すなわち情趣感興を生命とするということにおいては同じであり、その差異は形式から生ずる調和した声調と一定の格調の有無だけであると述べている。したがって、教授にあたっては、散文も韻文も目的は同じであり、形式の違いに適応した取り扱い法を工夫すればよいとしている。

以上の論述をふまえるとき、友納友次郎は、文学的材料の取り扱いにおいては、散文はその文体に、韻文はその格調と声調に重点を置くことが、児童に情趣感興を感じとらせる適応の方法であると考えているといえるのである。

五　文学的材料の種類

友納友次郎は、文学的材料の類別にあたって、「形式による分類」「内容による分類」「作者の態度による分類」という三つの分類法を示している。

以下それぞれについて説明を加えていくことにする。（カッコ内は教材例）

1．形式による分類

（1）散　文

①　物語風の文章（「なすの与一」、「尋常小学読本」巻四所収）（「ひよどりごえのさかおとし」、「尋常小学読本」巻五所収）（「斎藤実盛」、「尋常小学読本」巻十所収）（「熊王丸」、「尋常小学読本」巻十一所収）（「待賢門の戦」、「高等小学読本」巻二所収）

②　随筆風の文章

③　小説風の文章（「かみなり」、「尋常小学読本」巻五所収）（「白雀」、「尋常小学読本」巻八所収）（「競馬」、「尋常小学読本」巻九所収）（「盲唖学校」、「高等小学読本」巻一所収）

④　その他

（2）韻　文

2．内容による分類

(1) 叙事的の文学

① 主として作者が直接或は間接に見聞した事象を描写叙述したもの

ア 叙景（「日光山」、「尋常小学読本」巻九所収）（「冬景色」、「尋常小学読本」巻十所収）（「瀬戸内海」、「尋常小学読本」巻十一所収）〈以上散文〉（「近江八景」、「尋常小学読本」巻八所収）（「風」、「高等小学読本」巻一所収）（「森林」、「高等小学読本」巻二所収）〈以上韻文〉

イ 叙事的のもの（「かへるとくも」、「尋常小学読本」巻三所収）〈以上韻文〉（「蝶」、「尋常小学読本」巻五所収）（「ていしゃば」、「尋常小学読本」巻五所収）（「かぢ屋」、「尋常小学読本」巻八所収）（「鵜飼」、「尋常小学読本」巻十所収）〈以上散文〉

② 伝記（「山内一豊の妻」、「尋常小学読本」巻七所収）（「広瀬中佐」、「尋常小学読本」巻七所収）（「橘中佐」、「尋常小学読本」巻八所収）（「坂上田村麿」、「尋常小学読本」巻九所収）（「菅原道真」、「尋常小学読本」巻九所収）（「児島高徳」、「尋常小学読本」巻十一所収）（「諸葛孔明」、「尋常小学読本」巻十一所収）（「太田道灌」、「高等小学読本」巻一所収）（「ナポレオン」、「高等小学読本」巻三所収）

③ 逸話逸聞（「かまぬすびと」、「尋常小学読本」巻五所収）（「小子部すがる」、「尋常小学読本」巻五所収）（「わざくらべ」、「尋常小学読本」巻八所収）（「駱駝乗」、「尋常小学読本」巻九所収）（「三才女」、「尋常小学読本」巻九所収）（「少年鼓手」、「尋常小学読本」巻十一所収）（「アラビヤ馬」、「尋常小学読本」巻十一所収）（「図工の苦心」、「尋常小学読本」巻十一所収）（「鳥居勝商」、「尋常小学読本」巻十二所収）（「足柄山」、「高等小学読本」巻一所収）（「真の知己」、「高等小学読本」巻一所収）（「月光の曲」、「高等小学読本」巻三所収）（「古武士の意気」、「高等小学読本」巻三所収）

(2)　叙情的の文学

①　直接の叙情（「こうま」、「尋常小学読本」巻三所収）（「何事も精神」、「尋常小学読本」巻七所収）（「舞へや歌へや」、「尋常小学読本」巻九所収）（「同朋こゝに五千万」、「尋常小学読本」巻十一所収）（「春を待つ歌」、「高等小学読本」巻四所収）〈以上韻文〉（「征衣上途」、「高等小学読本」巻二所収）（「大原御幸」、「高等小学読本」巻四所収）

②　間接の叙情（「学校園」、「高等小学読本」巻二所収）

(3)　劇詩又は戯曲的の文学

①　劇詩又は戯曲

②　小説風の文章（「1．形式による分類」の（1）の①で示した教材と同じ）

③　謡曲文学（「小袖曽我」、「高等小学読本」巻三所収）（「鉢の木」、「高等小学読本」巻四所収）

3．作者の態度による分類

(1)　主観的の文学

(2)　客観的の文学

第一の「形式による分類」は、先の「文学的材料の形式」に対する論述を補う形で、散文にも、韻文ほど厳格ではないが形式的区別があることを示し、「それ等は文章を通読して材料の性質（形式上の性質）を考察すれば自らそこに適応した取扱法を工夫することが出来る」（同上書・二九三ぺ）とだけ述べている。形式に適応した取り扱い法は既に考察済みであり、改めてここで取りあげる必要はないと思われる。したがって、ここでは第二・第三の分類法に対する、友納友次郎の考え方を取りあげ、考察を行いたい。

まず第二の「内容による分類」は、文章を形式と内容の二つの側面から見る考え方に立って、第一の「形式による分類」に対して立てられたものと思われる。友納友次郎は、内容の性質によって、文学的材料を、「叙事的の文学」・「叙情的の文学」・「劇詩又は戯曲的の文学」の三つに分類しているが、これは、古来行われてきた叙事詩・叙情詩・劇詩という三分類を踏襲したものと思われる。ただ、友納友次郎が「――詩」という名称をそのまま用いなかったのは、韻文に限らず、散文も文学的材料の中に明確に位置づけようとしたからだと思われる。

友納友次郎は、「叙事的の文学」「叙情的の文学」「劇詩又は戯曲的の文学」のそれぞれを、「叙景や叙事的のものを、主として作者が直接或は間接に見聞した事象を描写叙述したものを意味する。その他人物の伝記や、逸話逸聞なども亦之に属するのである。」「(叙情的の詩歌及び叙情的になった文章を含み) 主として作者が折にふれものにあたつて惹起した感想を表彰したるものである。」「人生其のものを描写して人に感興を与へようと努めるものである。」と説明している。

つまり、「叙事的の文学」は描かれた事象を読みとることで、「叙情的の文学」は文章に表象された作者の「感想」をとらえることで、そして、「劇詩又は戯曲的の文学」は描かれた人生そのものをとらえることを通して、読み手が作者の情趣感興を自分のものとすることのできる文学と言える。

友納友次郎は、「叙情的の文学」について、「主として作者が折にふれものにあたつて惹起した感想を表彰したるものである」と説明したのち、次のように言葉を続けている。

ところが厳密に言ふならば文学的の作品の中に叙情的の色彩の織込まれてゐないものは皆無であると断言しても決して過言ではない。前に挙げた叙事的の文学でも、叙事其の物の中には鮮やかな叙情の色が到る所にひらめいてゐる。

(同上書・二九四〜二九五ぺ)

友納友次郎が、すべての文学作品に情趣感興に直接つながる叙情を見出し、重視することは当然のことである。しかし、友納友次郎自身、小学校の教材には純粋な叙情的作品は和歌や俳句や漢詩以外には求めることは難しいとの認識を持っており、「叙情的の文学」あるいは、叙情という考え方を生かす道を考える必要があった。そこで友納友次郎は、「直接の叙情」と「間接の叙情」という考え方を示し、自らの考え方に整合性を持たせようとしたと思われる。

「直接の叙情」と「間接の叙情」は、それぞれ次のように説明されている。

直接の叙情とは作者の気分や心持其の物を捉へて直接に之を叙述したもので、間接の叙情とは叙事や叙景や自己の主張などに編込まれた叙情や、其の他色々な物に触れ、事に当つて動いた心を間接に叙述したものを一括して名づけたものである。（同上書・二九五ぺ）

友納友次郎は、ここに述べているような「間接の叙情」という考え方を導入することによって、小学校教材においても見出し難い「情趣感興」の所在というものを、いずれの文学も有しているということを示し、文学的材料は「情趣感興」が生命であるとする、自らの考えを補強しているといえよう。

次に第三の「作者の態度による分類」として、「主観的の文学」と「客観的の文学」の二つをあげている。前者は「作者自身が作品の表にあらはれ、其の感興が作品の中に露出してゐるもの」、後者は「作者自身は作品の裏面にかくれて、作品の表には明らかにあらはされてゐない、従つて、作者の気分や心持がはつきりと作品の上に見出し得ない、而し其の叙述された事象其の物は読者に無限の感興を喚起し、知らず識らずの間に同感せしめるもの」（同上書・二九六ぺ）と規定されている。

この分類法は、先の形式、内容という文章の構成要素に基づく分類法とは、その基準を異にしている。友納友次郎は、文学は作者の情趣感興を表現したものとする自らの考え方をふまえて、作者の作品に対する態度を問題としたものと思われる。しかし、この分類法は、第二の「内容による分類」法の「直接の叙情」、「間接の叙情」の考えとも重なる部分があるし、又、作者が現れるか否かが情趣感興の表現・伝達の効果にはあまり影響を与えるとも思われない。友納友次郎自身も、新旧の文学の相違と説明しており、重要な分類法とはみなしていない。

以上、友納友次郎は、文学的材料の分類法を三種類示し、それぞれの種類に適応した取り扱い法を考えることの必要性を説いているが、その根底にあるものは情趣感興をいかに豊かに正しく読みとるかということだとする考え方である。

六　文学的材料の取扱

本書第三篇第一章第七節において友納友次郎は、夏目漱石がその著書『文学評論』(7)で示した文学作品に対する態度を三分類する考え方を援用して、自らの文学的材料の取り扱いに対する考え方を展開している。夏目漱石のいう三種類の態度とは、「鑑賞的態度」「批評的態度」「批評的鑑賞の態度」である。友納友次郎は、これらの態度の相違を次のように要約している。

第一の鑑賞的態度は玩味家に適する態度で、唯他人の作を読んで楽しみ味ふといふ態度で「面白い」「面白かつた」といふ以外に何等の説明をも要しないのである。だが一歩進んで他人の其の趣味嗜好を幾分でも導いてやらうとするには、此の態度は甚だ不便で而も甚だ幼稚である。そこになると第二の批評的態度である。批評的態度は凡て好悪を度外に置いた純然たる科学的の態度である。此の態度で作品に接すると是は旨く出来てゐるとか下手であるとかいふやうな、自己の趣味を以て之を上下し褒貶することを全く避けて、直接作篇其のものの構造や筋道や事件の発展、性格の活動などを考察するのである。第三の批評的鑑賞の態度は鑑賞的の態度と批評的の態度の中間にあつて其の両者を折衷したやうな態度である。

（同上書・二九七〜二九八ぺ）

夏目漱石は、文学者の作品に対する態度を、右に示した三種類に分類したが、友納友次郎は、教師として児童に文学的材料を教授するという立場からこの類別を受け入れ、第三の「批評的鑑賞の態度」を最適のものとして位置づけた。それは、友納友次郎が文学的材料の取り扱いを考察するに際して、材料の性質と教授という任務の二つの視点を設け、前者からは「鑑賞的態度」が必要であり、後者からは、「批評的態度」が必要であると考えたからである。

文学的材料の取り扱いにあたって、「批評的態度」と「鑑賞的態度」がともに必要であることを、友納友次郎は次のように述べている。

一体吾々が文学的作篇を取扱ふ場合に於ては、自己の鑑賞のみで満足することが出来ない。更に進んで他人に其の趣味感興を惹起するやうに導いて行かなければならぬといふ大きな任務を有してゐる。従つて吾々が文学的材料を取扱ふ場合の態度は全然鑑賞的の態度でも満足が出来ないし、又純粋な批評的態度でも不十分である。此の点からすると私は漱石氏の所謂批評的鑑賞の態度を以て文学的材料に対する態度として最も適当したものと信じてゐる。

（同上書・二九八ぺ）

また次のようにも述べている。

吾々は文学的材料を教授すると言ふ任務の上から見て、是非共有意的に十分に鑑賞し、十分に批評し、以て適応の取扱法を工夫しなければならぬ。

（同上書・二九八～二九九ぺ）

従来、友納友次郎は、とくに文学的材料の取り扱いに関して、分解的説明的態度を排し、総合的直覚的の態度が必要であるとの主張を行ってきた。雑誌「学校教育」第一号（大正三年一月刊）に載せられた「国語教授の欠陥」と題する論考の中には、次のように述べられている。

一体言語は互いに相集まつて一種の力が出来るもので其の力といふものは分解されては全く消失してしまふのである。就中文学的作品に於ては分解的説明的の態度をとつて一々詳細な分解や解剖に遭つてはたまつたものではない。どこまでも総合的直覚的の態度をとり唯単に理解せしむるのみに止まらず愉快な性質の作篇に対しては心から喜び、悲しむべき材料に接しては心から泣くといふやうな感動を与へ、真に国語の趣味を感得せしめなければならぬ。

（同上書・二三ぺ）

ここに述べられている「分解的説明的の態度」は本書の「批評的の態度」に、「総合的直覚的の態度」は「鑑賞的の態度」につながるものである。友納友次郎自身、文学的材料の取り扱いにおいて「批評的態度」を認めることは、従来の「分解的説明的の態度」を否定する考え方に抵触すると考え、理論の整合を図ろうとして次のように述べている。

批評的の態度は分解的の態度で、鑑賞的の態度は総合的の態度である。此の二つの態度は全然相反した見方である。文学の鑑賞には科学的分解的の態度を成るべく避けなければならないといふことは前にも屢々述べた所ではあるが、文学を教授するといふ仕事の上には矢張り其の必要があるのである。読誦し鑑賞する児童の態度はどこまでも鑑賞的の態度にあらせなければならないのであるが、之を取扱ふ教師其の人からすると、之を理解し之を伝達せんが為には科学的に十分吟味し、分解的に考察を加えなければならぬ。

（『読方教授法要義』・二九九ぺ）

また、次のようにも述べている。

私は嘗て現今の小学校で取扱はれてゐる文学的材料が著しく智的取扱に偏してゐることを大なる通弊の一つとして数へ上げ、文学的の性質を帯びた教材は分解よりも総合、説明よりも直覚に重さをおかなければならぬことを主張して、智的分解的の態度を排し、総合的直覚的の必要なる所以を縷説した。（読方綴方の新主張二五頁～四八頁）ところが私が此の智的分解的の態度を強く排斥したのは教授其の物がすべての教材を他の非文学的材料を取扱ふと同様に知解の眼で見つめ、分析的の態度で処置しようとする傾きがあるのを忌んだのに外ならないのである。

（同上書・三〇四ぺ）

友納友次郎は論の展開にあたり、まず、夏目漱石のいう「批評的態度」と「鑑賞的態度」が、それぞれ自説の「分解的態度」と「総合的態度」に相当し、相反する態度であると位置づけた後、次のような考え方を展開している。文学的材料の取り扱いは、あくまで「観賞的態度」が中心であり、従来の考えと変わりはない。しかし、教授する立場にある教師は、教材を理解し、それを児童に伝達するために、科学的分解的な態度をとることも必要である。

ただし、その科学的分解的態度は、従来否定してきた非文学的材料を扱うように、知解の眼で見つめ、分析的の態度で処置しようとする態度ではない。

ここにおいて、友納友次郎は、文学的材料の取り扱いに対する態度として、従来の文学的材料の特質から生じる「鑑賞的態度」に付加する形で、教授するという立場から、新たに「批評的態度」を教師にとって必要なものとして位置づけたことになる。では、友納友次郎が、文学的材料の取り扱いに対する態度の一つとして位置づけた「分解的態度」とはどのようなものであろうか。

友納友次郎は、「時鳥平安城をすぢかひに」「時鳥の鳴くや雲雀の十文字」という俳句を取り上げ、次のように論述している。

説明すれば一口ですむのであるが、而し説明しがたい所に無限の趣味が存してゐる。吾々が単に自己の鑑賞の態度だけで満足することが出来るならば何の問題もないのであるが、之を他人に伝達しようとするとそこに非常な困難が起つて来る。此の場合に「あゝ面白い」「実に豪放な句だ」といふやうな鑑賞的の言葉を何遍くりかへしても、それでは此の場合を説明したものとは言へない。つまり斯うなると分解して説明するより外に手段はないのである。而し其の分解が単独な文字や語句の説明ではなくて、自己が作篇や詩歌に接し之を読誦し鑑賞して得た気分や心持や其の物の説明でなくてはならぬ。自分は此の部分をかく見、かく感じた、自分の心にはかういふやうなことが想像せられ連想せられて、こんな感じが起るといふやうな工合に、自己の心其の儘を投げ出して説明するより外に手段はないのである。而も此の間に説明するものと説明を聴いてゐるものとの間に、心の琴線にふれる一種の共鳴を感じ、説明することの出来ない或種の感興を喚起し、彼等をして知らず識らずの間に鑑賞の態度に入らしめることが出来るのである。

（同上書・三〇二〜三〇三ぺ）

分解し説明することは、説明しがたい所に存在する無限の趣味を、児童に伝達するために必要であり、その対象は、一人の読み手として、教師が得た気分や心持ち、又、教材其の物であると友納友次郎は説明している。しかも、説明することによって、児童を知らず識らずのうちに「鑑賞的態度」に入らしめるものでなければならないとも述べている。友納友次郎が文学的材料の取り扱いにおいて認めようとする分野・説明は、従来否定してきた文字、語句の説明や知的に偏した取り扱いとは異なることが明白である。友納友次郎自身も、先の俳句に対する論述に続けて、次のように述べている。

唯此の際にくれぐれも注意しなければならぬことは、其の説明が文字語句の末に走り、暗記的詰込的の教授に偏しないやうに努めるといふことであつて、やれ語法がどうだとか、修辞法がどうだとかいふやうな工合に、全然知解に偏し、分析的の方法に傾いて来ると、全く文学的作品の生命を没却することになつて来る。

（同上書・三〇三〜三〇四ぺ）

「分解的態度」すなわち「批評的態度」を、文学的材料を児童に教授し、彼らを「鑑賞的態度」に導くために必要な態度であると位置づけた友納友次郎は、文学的材料の取り扱いを次のようにまとめている。

児童を鑑賞的態度に導くために、吾々は先ず其の教授に対し或は批評的の態度をとつて十分に咀嚼し鑑賞し、次いで之を児童に提供しなければならぬ。而もこの場合に於て児童をして直覚させ鑑賞させるために十分の説明を与へ、且相当に分解を加へなければならぬ。しかし此の場合に於ける分解や説明はどこまでも総合せしめんが為の分解であり、直覚せしめんが為の説明であるといふことを忘れてはならぬ。この分解が総合になり、説明が直覚になるといふこと、言ひ換へると分解即ち総合、説明即ち直覚といふのが取扱の極致であらうと思ふ。（同上書・三〇五〜三〇六ぺ）

友納友次郎は、情趣感興こそ文学的材料の生命であり、それは「鑑賞的態度」によらなければ得られないという従来の主張をいかしながら、「総合せしめんが為の分解であり、直覚せしめんが為の説明である」と、「批評的態度」を教授上の工夫として自らの論の中に位置づけている。夏目漱石の『文学評論』と出会うことにより、そこに示された考え方を巧みに生かしながら、文学的材料の取り扱いに対する考え方を一歩進め、より実践的なものに作り変えていったといえよう。

第三項　非文学的材料に対する態度

一　非文学的材料の価値

友納友次郎は、本書第三篇第一章における「文学的材料に対する態度」の論述と対比する形で、第二章「非文学的材料に対する態度」の論述を行っている。読本教材を文学的材料と非文学的材料に二分し、それぞれに適応する取り扱い法を工夫すべきであると主張する友納友次郎の立場からすれば、この章立ては当然のことではあるが、大正期における文学教材重視の教材論のあり様を思うとき、このように対比的な教材観を明確に示し得たことは注目に値する。

さらに、このことは、時代における意義だけでなく、友納友次郎の教材論の生成過程を考える上でも、大きな意義がある。友納友次郎は、自らの国語教授論の構築を当時一般的に行われていた文学的材料の知的分解的取り扱いを批判することから始めた。本書に先立って発表された「国語教授の欠陥」（「学校教育」第一号、大正三年一月刊）と題する論文や、『実際的研究になれる読方綴方の新主張』（大正三年五月刊）などの中でも教材の取り扱いには言及しているが、それらはいずれも文学的材料に視点を据えたものであり、いわゆる非文学的材料の知的分解的取り扱いは、文学的材料を取り扱う際の否定的側面としてのみ扱われていた。さらにまた「非文学材料」という名称は、『実際的研究になれる読方綴方の新主張』に既に見ることができるが、その取り扱いが文学的材料と対比する形で正面から論じられたのは、本書が初めてである。非文学的材料が文学的材料と対等に扱われ、しかも一章を立ててそれに対する態度が論じられたことを考えるとき、本書において友納友次郎の教材観が論として成立したと見なすことができる。

友納友次郎が本書において、「非文学的材料に対する態度」を一章として立てた理由は、「文学的材料に対する態度」と合わせて完全な教材論の構築をめざした結果であることは言うまでもない。文学的材料の取り扱い方を探求していく中で、友納友次郎が常にそれと表裏の関係にある非文学的材料の取り扱い方を意識していたことは当然予想されるところであり、その集積が本書における論述につながったものと考えられる。

同時に、友納友次郎が本書において、非文学的材料を取り上げ、その取り扱い法を詳細に論じる必要に迫られた理由の一つとして、当時徐々に力を増しつつあった文学重視の考え方に対する危惧の念をあげることもできる。文学重視論者の言うように国語の教材をすべて文学的材料とみなし、文学としての取り扱いとすべきであるということになれば、教材を文学的材料と非文学的材料に二分し、それぞれに適した取り扱い法を工夫すべきだとする友納友次郎の考え方は、根底から覆されてしまうことになるからである。文学をのみ重視する考えを批判して、友納友次郎は次のように述べている。

一体国語の教材は其の性質上からして余程まで文学的色彩を帯びてゐるものが多い。此の点からして文学的方面を重視してゐる論者に言はせると国語は文学である。実用的の目的以外に尚一層大きな任務を帯びてゐる文学である。だから取扱の方法も亦文学を取扱ふといふ考へによつて取扱はなければならぬといふやうな工合に主張するのであるが、而し国語教材の全部が文学的材料ではない。否反つて実用的の目的になつた知的論理的の文章が多数を占めてゐるのである。従つて此等の教材を取扱ふについては文学的の材料に対する態度とは余程趣を異にしてゐなければならぬ。

（同上書・三〇七〜三〇八ぺ）

この論述からは、自らの教材論を意義づけようとする友納友次郎の意図が読みとれるのではあるが、それは単なる自己主張で終わってはいない。読本教材を公平で客観的に捉えようとする姿勢とともに、国語教育において、文学以外の教材の果たす役割を積極的に見出そうとする友納友次郎の姿勢を読み取ることができる。

では、友納友次郎の主張する「非文学的材料に対する態度」とはどのようなものであろうか。友納友次郎の立てた観点、「非文学的材料の価値」「非文学的材料の内容」「非文学的材料の取扱」に従って考察をしていきたい。

まず、友納友次郎が「非文学的材料の価値」をどのように位置づけているかを考えてみよう。友納友次郎は、自らの読本教授観を次のように述べている。

吾々は実際生活を営む上に――内容ある生活を営む為に、よく現代の思想を会得し、之を大にしては国家、之を小にしては個人の間に於ける精神と精神とを直接に交渉せしめるに足るだけの力が養はれてゐなければならぬ。此の力を淘冶するには、成るべく色々な性質の作篇を提供し、以て如何なる文章に対してもよく其の文

意を咀嚼し、成るべく速かに其の内容を理解し得るやうに導かなければならぬ。（同上書・三一二～三一三ぺ）

友納友次郎は、右の論述の中で内容ある生活を営むためには、現代思想を会得し、精神と精神を直接に交渉させうる力の養成が必要であり、その力を陶冶するためには、読本教授が工夫されなければならぬと述べている。友納友次郎が、ここで言う「内容ある生活」とは、内容豊富な精神生活のことであり、「精神と精神とを直接に交渉せしめるに足るだけの力」とは、「他人の思想を会得し、且自己の思想を表彰し得る」（同上書・三一二ぺ）言語や文字文章の力、すなわち読書力のことである。このように考察をするとき、友納友次郎は、読本教授の究極のねらいを内容豊富な精神生活を送りうる国民の育成におき、当面のねらいを様々な読本教材からの現代思想の会得という内容面と、読書力の養成という形式面の双方に求めているということがわかる。このことは当時、読み方教授において問題となっていた、形式が主か内容が主かということに対する友納友次郎の立場を鮮明にしたものといえよう。

友納友次郎は、右に述べた読本教授観をより確かなものとするために、佐藤熊治郎教授が「人格陶冶と読み方教授」（「学校教育」第六号、大正三年六月刊）において示した読本と読書力の関係に関する考え方を自らのものとして取り入れている。

友納友次郎の引用に次のような部分がある。

読み方教授の目的は日常須知の文字文章を知らしむに在るといふこと之を手短に言へば読書力を養成するにあるといふことは何等之に変更を加へる必要はあるまいけれども更に押しつめて何のための読書力養成かと反問して見ると之に対する解答は次の二つに帰着するのである。（一）読解力は実際社会に立つ上に必要欠くべからざるものである。又（二）之なければ無限に豊富なる精神的財産を蔵めてゐる宝庫も之を開くに由なしといふことになる功利的実利的見地に立つ人の着眼は自ら第一の方に傾きやすいのであるが、之に対して人格教育学は第二の方に重きを置くものであって、読本の内容を尊重するといふことも其処に根拠があるのである。といふのは人格教育学の立場から言ふと、教授当面の目的は児童の人格である。読本は此の人格の成長発達に資せらるべき精神的滋養物を収蔵してゐる宝庫であつて、読書は即ち此の宝庫を開くべき唯一の鍵である。

（「大正三年に於ける国語教授の傾向」・「学校教育」第十三号・三八〜三九ぺ）

右は、佐藤教授が内容と形式の主格の問題を解決するための資料として、エルンスト＝リンデ[8]の思想に依拠しながら論述した部分である。ここに示された人格的教育学の考え方は、先に引用した友納友次郎の読本教授観と齟齬を来すことなく、かえってその考えを端的に示している。友納友次郎は、傍線部に示された、読本を「精神的財産を蔵めてゐる宝庫」と見なし、読書力を「宝庫を開くべき唯一の鍵」と見なす人格的教育学の考え方を摂取し、次のように読本を位置づけている。

読本は彼等（引用者注・児童のこと）の精神生活の宝庫である。児童は言語や文字文章といふ鍵によつて此の宝庫を開き、直接に其の内容に接触し、よつてもつて其の精神生活を内的に発展せしめるのである。

（『読方教授法要義』・三一七ぺ）

「読本は」「精神生活の宝庫である」と位置付けた友納友次郎は、さらにオイケン教授[9]の言語教授は「国民の精神的生活を豊富ならしめる」ためのものであるとの考え方を引用し、その読本の位置付けが正当であることを重ねて強調している。

エルンスト＝リンデの人格的教育学の考え方を摂取することによって、自らの読本教授観を補強した友納友次郎は、非文学的材料の価値を次のようにまとめている。

国語は精神生活の宝庫を開く唯一の鍵である。吾々は児童をして此の鍵を自由に使用する力を得せしめ、且之に由つて彼等の精神生活の内容を一層豊富ならしめんことを努めるのである。此の意味からして非文学的の材料即ち知的論理的の文章は文学的の材料と共に児童の教育上重要な位置を占有せざるを得ないのである。
（同上書・三一八～三一九ぺ）

非文学的材料の価値は、文学的材料とともに、児童にとって精神的宝庫としての役割を果しうること、同時にそれを引き出すための力、すなわち読書力を陶冶するところにあるというのが、友納友次郎の考え方である。無論、文学的材料と非文学的材料が児童にとって教育上同じ価値を有していても、その成り立ちが異なる以上、それぞれの有する具体的な価値内容は同一ではないというのが、友納友次郎の考え方である。基本的な文章観に立ち帰り、両者の差異の生じる原因を次のように論述している。

一体文章は思想を語詞の上に表はしたものである。従つて文章は之を内容と形態との二つに分けて考へることが出来る。文章の内容はあらゆる物象や事件や思想などで、それ等の内容が作者の文章を栫へる場合の態度によつて、いろいろな形態によつて表彰せられるものである。此の態度其のものによつて文章が文学的の作品ともなれば、非文学的の作品ともなるのである。
（同上書・三〇八～三〇九ぺ）

友納友次郎は、「文章を栫へる場合の」「作者の」「態度」の違いが、文学的材料と非文学的材料に分かれる原因であるととらえ、その作者の態度に応じた読み方が、文章の理解につながると考えている。そのことは言い換えれば、作者の態度に応じた読み取り方を身につけさせ、活用させることがそれぞれの読本教材の価値を生かしうるということである。文学的材料と非文学的材料に対する態度のあり方を友納友次郎は次のように述べている。

情的の態度になつた文章は情的の態度によつて始めて鑑賞することが出来るやうに、知的実用的の態度になつた文章はやはり知的分解的の態度で十分之を吟味するのでなければ其の目的を達することが難かしいのは当然である。

（同上書・三一〇ぺ）

これまでの考察をふまえ、右の引用文を、先に示した読本教材の価値に引きつけて考えてみるとき、友納友次郎の考える文学的材料と非文学的材料とが有する価値は、それぞれ次のように言うことができる。すなわち文学的材料は、情的な精神の宝庫としての価値、情的に受け止める力を育てることの出来る価値を有し、非文学的材料は、知的実用的な精神の宝庫としての価値と、知的分解的な読書力を養成しうる価値を有しているといえる。文学的材料と非文学的材料は、それぞれ情的、知的実用的分野の価値を分担し合い、互いに補い合うことによって、読本教材の価値を完全なものとしているというのが友納友次郎の考え方である。

最後に、友納友次郎の考える非文学的材料の価値をまとめてみよう。友納友次郎は「知解を主とした文章の価値」として、次のようにも述べている。

知解を主とした文章はそれによつて正しい理解を与へ正確な知識を付与するやうに出来てゐる。そこで是等の文章に対する読者も亦文の目的に応じて十分正確に吟味し、確実に其の内容を理解するやうに努めなければならぬ。つまり吾々は児童をして此の如き力をあらゆる教材によつて養はうと努めてゐるのである。

（同上書・三一〇ぺ）

また、いくつかの教材を取り上げて、具体的な取り扱い法とねらいを次のように示している。

1　「瓜」（『尋常小学読本』巻五所収）

斯んな文章になると、一節毎に表解でもさせて、一歩一歩分解的に取り扱つて行くより外に思想関係を十分に吟味させ内容を正確に会得させる途はあるまいと思ふ。先づ瓜とはどんなものか――その形は――内部の色は――種は――食べ方は――葉は――花は――といふやうな工合に、一々分解して問答して彼等をして成るべく速かに此の如き複雑な思想を正確に会得する力を附与しなければならぬ。

（同上書・三一一～三一二ぺ）

2　「やくわんとてつびん」（『尋常小学読本』巻六所収）

右に掲げた部分だけを見ても、先づ前提たるべき命題、次いで其の証明、最後結論とといふやうな工合に立派に体を備へてゐる。文章の教授は一面から見ると児童の論理学と見做しても差支ない場合が多い。

（同上書・三一四ぺ）

3　「空気」（『尋常小学読本』巻九所収）・「葉」（『尋常小学読本』巻十所収）（引用者注・以上二つは「学問的の文章」ととらえる）・「保安林」（『尋常小学読本』巻十所収）・「分業」（『尋常小学読本』巻十一所収）

一歩一歩確かに考察を加へ語脈を正し文意を咀嚼し、よく其の内容を了解し、以て思想の正しき発表法を会得せしめると共に彼等が内的生活を豊富ならしめるに努めなければならぬ。

（同上書・三一六ぺ）

4　「自治の精神」（「尋常小学読本」巻十二所収）・「法律及び命令」（「高等小学読本」巻四所収）

法制経済的の材料の如きは、彼等の実際生活と余程懸け隔てがあるために知解に訴へることが非常に困難である。而し前にも述べたやうに教育其の物によつて読書の能力を陶冶し、かつ彼等の内的経験を豊富ならしめるといふ見地からすると、是等の材料は誠に貴重なものと言はなければならぬ。（同上書・三一七ぺ）

以上の論述から、友納友次郎の考える非文学的材料の具体的な価値内容は、次のようにまとめることができよう。

1　知的学問的、あるいは実用的、また国民として知っておくべき知識内容を有していること。（「精神的宝庫」としての内容的価値）

2　論理的組み立てを有し、論理的に文章を読み取る力を養成し、正しい思想の発表方法を会得させることのできる形式を有していること。（「読書力、発表力」につながる形式的価値）

二　非文学的材料の内容

友納友次郎は「非文学的材料の内容」を論述するにあたり、まず非文学的材料と文学的材料の分類について次のように述べている。

私は知解を主とした文章即ち文学的の性質を有してゐない文章を一括して、すべて之を非文学的材料と名づけた。そこで分量の上から言ふと読本教材の中では文学的材料よりも非文学的の性質をもつた材料の方が遙かに多い訳である。しかし此の分類は頗る大ざつぱな分け方で、厳密に考へると両者の何れに入れても差支えないやうな教材が少くない。（同上書・三一九ぺ）

ここには、すでに第二章第一節第一項で考察したように、友納友次郎の実際的現実的な立場に立って、教材を分類する考え方が示されている。友納友次郎は、このように非文学的材料に含まれる文章が、文学的性質を色濃く有したものから、純然たる知解になった文章まで幅広いことを認めた上で、「尋常小学読本編纂趣意書」の考え方に依拠した非文学的材料の分類を次のように行っている。

1．他教科との関係的材料
2．国民独有の材料
3．法制経済的材料
4．実業的材料
5．其　の　他

友納友次郎は、右の分類に従って、それぞれの材料で教授すべきねらい、取り扱い法、形態上の特徴等について言及している。以下この順序に従い、非文学的材料の内容を考察してみたい。

(1)　他教科との関係的材料

友納友次郎は、「他教科との関係的材料」を、さらにその内容によって、「修身的材料」「歴史的材料」「地理的材料」「理科的材料」「其の他」の五つに分類し、これらの読本中での位置づけを次のように述べている。

現行の国定読本は大体低学年では自然に関する材料が多くて、次第に高学年に進むに従つて人文的の材料が多くなつてゐる。而も低学年では殆どが国語科を以て諸教科の中心たらしめてゐるやうに見受けられる。尋常第五学年からは地理・歴史・理科等の教科が加はつて来るので、是等の教科に関係した材料は之と連絡を保持するやうに排列せられてゐる。　（同上書・三二一三ぺ）

さらに続けて、「尋常小学読本編纂趣意書」第四章の八を引用し、尋常第五学年以降の「他教科との関係的材料」の扱いを、「是等の諸教科と関係した教材は相互に十分の連絡を保持し、教授の上に便宜を得るやうに努めなければならぬ。」（同上書・三二四ぺ）と確認している。一方、低学年におけるこれらの材料の任務については、次のように述べている。

低学年に於ては、修身以外の諸教科は全く国語科の中に含められてゐる。そこで或る意味に於て地理や歴史・理科などの基礎的知識を与へるといふやうな任務を持つてゐる場合が少くない。否材料其の物が既にかゝる見地によつて編纂されてゐるので、その材料を適当に取扱つて行きさへすれば勢それが基礎知識を養ふといふことになるのである。（同上書・三二四ぺ）

以上のことから、友納友次郎は、「他教科との関係的材料」は、「非文学的材料」として読書力を養成する等の働きをもつとともに、低学年においては、関係する教科の基礎的知識を与えるという働き、尋常第五学年以降は、関係する教科の教授内容を補完あるいは発展せしめる働きを持っていると受け止めていたことがわかる。この受け止め方は読本編纂の趣旨に沿ったものである。

友納友次郎は、低学年における基礎的知識を付与する例として、地理の基礎的知識の一つである地図の観念を与える場合を取り上げている。友納友次郎の低学年における非文学的材料の取り扱い方を知る上で参考になるので次にあらましを示してみよう。

ア　「私どものまち」（「尋常小学読本」巻四所収）

南の斜上方から北の方を見下した挿絵を教師が平面図になほしてみせる。→「漠然ながらも地図といふも

の、考へが養はれる。」（同上書・三二五ペ）

イ　「山の上の見はらし」（「尋常小学読本」巻四所収）

鳥瞰図に近い挿絵と本文とを対照させて観察させる。↓「平面図の見方を教へることが出来る。」（同上書・三二五ペ）

ウ　「水のたび」（「尋常小学読本」巻五所収）

鳥瞰図の挿絵を本文と対照して、それを読むことを教える。又、直上から見下した平面図の見方を説明する。↓「地図の知識が明確になつて来る。」（同上書・三二六ペ）

エ　「遠足」（「尋常小学読本」巻六所収）

正式の描画法による地図で、地図の記号の説明をする。↓「第六巻までゞ大凡簡易な地図の概念を与へることが出来る。」（同上書・三二七ペ）

ここには挿絵から正式な地図までの配列を押さえ、地図の観念付与の過程を適確に把握した取り扱い法が示されており、友納友次郎の着実な教材解釈力が示されている。友納友次郎は地理的材料だけでなく、歴史的材料、理科的材料においても、同様に教材の配列に注意し、適当な取り扱いを行うことで、それらの教科の基礎的観念を与えることができると考えており、この例のような実践を行ったものと思われる。

地図の観念付与を例として、関係する教科との関連をふまえた取り扱い方に言及した友納友次郎は、この種の教材の本来の教科における趣きと異なった、読本教材としての特色について論述している。修身的材料・地理的材料・歴史的材料・理科的材料の順にそれぞれ次のように論述されている。

ア　修身的材料

「修身科では積極的に不善を禁止するといふ必要からして、記述が堅苦しい訓戒風になつてゐるのであるが、国語ではそんなに勧善懲悪の意味を露骨ならしめる必要がない。従つて記述の体裁が自ら趣味ある形に出来てゐる。そこで『だからそんなことをしてはなりません』とか。『それだから私等も斯うしなければならぬ』。といふやうな教訓的反省の言葉に引き付けるのは甚だ宜敷くない。事実はどこまでも事実として取扱ひ、事柄はあくまで事柄として取扱つて行くといふ態度が最も大切である。」（同上書・三三〇ぺ）

イ　地理的材料

「多種多様の材料が趣味多き体裁で選択せられてゐる。」（同上書・三三一ぺ）

「是等（引用者注・地理的材料として取り上げられた材料）はすべて純地理的の材料であるとは言へない、或は歴史に関係し、或は理科に関係してゐるものもある。記述に於ても純粋な文学的のものもあれば余程文学的に傾いたものもある。而も其の大部分は非文学的の材料の中に加へなければならぬ性質のものが多い。」（同上書・三三一ぺ）

ウ　歴史的材料

「歴史的材料も亦地理的材料と同じ様に余程深い考へが加へられてゐる。大体歴史的の順序即ち年代順に排列せられてゐる。」（同上書・三三一ぺ）

エ　理科的材料

「理科的材料の記述は往々無味乾燥に流れやすいのであるが、現行読本の文章は此の点に余程工夫をこらし、多種多様な文章の体裁をとつて如何にも興味ある記述が出来てゐる。而もそれが何れも季節に応じて適当に排列せられてゐるので児童をして教材其の物に親しんで読み耽らせる共に読本を通じて自然や自然現象に親炙させることが出来るのであろう。」（同上書・三三四ぺ）

右に引用した各材料の特色を見るとき、「他教科との関係的材料」は、本来の教科と内容的には関連を保ちながらも、本質的には読本教材として、多様な文章の体裁に支えられながら、読書力の養成、内的生活の充実に資するものとして位置づけられていることがわかる。

（2）　国民独有の材料

友納友次郎は、「国民独有の材料」を「国民独有の思想感情を陶冶する」（同上書・三三四ぺ）ための材料と位置づけている。この位置づけは、「尋常小学読本編纂趣意書」第二章の二に依拠したものであり、友納友次郎自身もその条項を引用して、説明を行っている。

国語教授の目的を「国民としての性情を陶冶する」（同上書・四ぺ）ことと考える友納友次郎は、その目的に直接つながる「国民独有の材料」を、読本教材の中でも重要なものと見なしている。このように「国民独有の材料」の重要性を確認した上で、さらにそれが読本にとられることの意義を、友納友次郎は次のように述べている。

此等の材料の多くは吾々が日常あまりに親炙し過ぎてゐるためにうつかりすると平凡に見過ごすことが多い。殊に藁や鰹節や梅干などは吾々が朝夕目にし手にし口にしてゐるのであるが、あまり親炙過ぎた為に大した注意を払つてゐない。しかし、之が我が独有の材料として紹介せられること丶なると、一種の深い感興が湧いて来る。丁度吾々が郷里の山河の間に抱かれてゐる間には何等の注意も払つてゐなかつた山河の形勝が、足一歩郷関を踏み出してみると、こゝに始めて非常に痛切な愛恋の情が湧き起つて来るやうなものである。此の種の材料の価値は此の点に存してゐる。（同上書・三三五～三三六ぺ）

親炙しすぎて見過ごしがちの大切なものを、読本教材として改めて提示し、再認識させるところに「国民独有の材料」の価値があるというのである。そのことは、読本教材に触れさせることによって、身近な生活そのものを見つめ直させ、我が国固有の文明に接触させなければならないという友納友次郎の基本的な考え方につながるものである。

「国民独有の教材」が読本にとられることの意義を右のように考えた友納友次郎は、その取り扱いにおいても、「普通の説明文でも取扱ふやうな考へで、読過す」のではなく、「その一々を玩味してみる」ことが必要であると説いている。具体例として取り上げられている「尋常小学読本」巻四の「わら」の指導について言えば、既習の「モチノマト」（「尋常小学読本」巻二所収）で学んだ米の大切さ等の思想と結びつけ、「藁が我が特有の材料として色々な国民生活の上に利用されてゐることを説いて聞かせ」（同上書・三三六～三三七ペ）ることや、「たわら」「こも」「むしろ」「なぜ」等の一々を実生活と結び付け吟味させる方法などが示されている。

友納友次郎は「わら」に引き続き、「日本」（「尋常小学読本」巻六所収）・「日本一の物」（「尋常小学読本」巻十所収）・「天然記念物」（「高等小学読本」巻三所収）・「古社寺と国宝」（「高等小学読本」巻四所収）を「国民独有の材料」として紹介している。これらの材料は、いずれも「我が国の文明の特色を知らせるための材料」（同上書・三三八ペ）として位置づけられており、その取り扱いにおいては、「高等小学読本編纂趣意書」に示されているような趣旨に沿うべきであると結んでいる。

（3）　法制経済的材料

友納友次郎は、「法制経済的材料」を、「立憲自治の指導を確固にし、堅実なる処世の要務を知らしめ、国民としての性格を陶冶」（同上書・三四二ペ）する材料と位置づけ、欧米諸国の「公民科」又は「市民科」の内容に含まれるものであると述べている。我が国の小学校においては、欧米諸国の「公民科」と「市民科」にあたる内容は、修身・国語・地理・歴史等の諸教科に分散されており、機会に応じて取り扱われるが、その中心となる教科は国語であり、「法制経済的材料」がその任務を果たしていると位置づけている。

友納友次郎は「法制経済的材料」が重要であることの根拠を右に述べた「国民としての性格の陶冶」に求めているが、それは「尋常小学読本編纂趣意書」及び「高等小学読本編纂趣意書」の考え方に基づいたものである。しかし単に編纂趣意書の考え方を受け入れるだけでなく、大隈重信(10)の『国民読本』（大正二年刊）等に代表される公民教育の主張をも熟知し、紹介していることから考えて、友納友次郎自身、積極的に「法制経済的材料」の必要性を認めていたものと思われる。

友納友次郎は、「法制経済的材料」が読本教材として重要だとする今一つの根拠を、それが「知的のきびきびした文章」であることに求めている。かつてある地方で経験した出来事をふまえ、そのことを次のように述べている。

かつて或地方の学校でどうしても全部の教材を教へ終ることが出来ないといふ所から、学校で色々と研究して読本教材を取捨するために、読本の中から省略すべき材料を抜き出した。而も其の抜き出された材料は「養生」「貨幣」「保安林」「兵営内の生活」「物の価」「平和なる村」「天気予報」「自治の精神」の如きものであつたといふことを聞いてゐる。私は其の当時此の学校では読本教授の精神といふものをどんなに解釈してゐるのであらう。実に以ての外であると思つた。斯んな工合に読本教授が狭く解釈されて、唯児童が面白がつて読むとか、文章が趣味に富んでゐるとかいふことだけに偏して仕舞ふと大変な間違が起つて来る。思想方面は兎に角単に文章の形態方面だけを見てもだら〳〵した所謂読み易い文章よりも知的のきび〳〵した文章を読解する力を養つておく必要がある。此の点からしても此の種の材料は読本教材として非常に大切なものであると思ふ。

（同上書・三四三～三四四ぺ）

右の引用に示されている友納友次郎の考え方は、国語教育によってつけようとする力を狭い範囲に限定することを否定し、教育そのものによって読書の力を陶治するというねらいに立脚したものである。この考えは非文学的材料全体にあてはまる。なかでも「法制経済的材料」のように、児童の「実際生活と余程懸け隔てがあるために知解に訴へることが非常に困難」（同上書・三二七ぺ）であり、「他の教材に比して其の内容が複雑で而も記述が堅苦しくて如何にも趣味が少い。」（同上書・三四二ぺ）材料は、「知的のきびきびした文章」を読解する力を養うという観点からも教授のあり方を考えることが重要であると友納友次郎は考えていた。

友納友次郎は、このように児童の読解にとって、内容的にも形態的にも困難の多い「法制経済的材料」は、「取扱の上に余程の注意を払はないと往々にして無味乾燥に流れ易い」（同上書・三四二ぺ）として、「自治の精神」（「尋常小学読本」巻十二所収）等の具体的教材を引用しながら取り扱いに際して注意すべき点にも言及している。それは要約すれば次のようになる。

1．各種の実例によって説明を与え、趣旨を自覚させる。
2．まず教師が教材内容に対して興味を持ち、十分に理解し、教材に対する自信を持つ。
3．「高等小学読本」では、児童の読書力の進歩に伴ない教材数も増加するので、論の展開にも注意する。
4．具体的な引用例は、土地の状況や児童の程度に応じて教師が補説する。

ここには、教授上困難があるからといって、逃げるのではなく、教師自身の工夫と努力によって、非文学的材料の取り扱いを斬新で価値あるものにしようとする友納友次郎の姿勢を見ることができるのである。

(4)　実業的材料

友納友次郎は、「実業的材料」を、農業・工業・商業・水産業等の実業的の知識・思想を付与するのに適当な材料ととらえ、「真に我が国利民福を増進する上に欠くべからざる教材で、教師の特に力を用ひなければならぬ所のもの」（同上書・三五三ぺ）と位置づけている。また、友納友次郎は、「実業的材料」の必要性が増した理由を次のように述べている。

殊に現時の世界の大騒乱について我が国も亦一入殖産興業の必要にして、諸般の技術を精錬し、商工業を振作し、ます〳〵貿易を殷盛ならしめることの必要を切実に感じるに至つた。（同上書・三五〇ぺ）

先の「法制経済的材料」と同様、「実業的材料」にも、社会的要請を見て取っていることがわかる。「実業的材料」の記述は、「タウエ」（「尋常小学読本」巻三所収）・「取入れ」（「尋常小学読本」巻六所収）をはじめとする農事に関する材料、「かぢ屋」（「尋常小学読本」巻八所収）のような工業に関する材料、「航海の話」（「尋常小学読本」巻七所収）に代表される海事思想を養成するのに適した材料等、いずれも「児童の感興をひくやうに出来てゐる」ととらえている。そこには児童の材料に対する興味を生かしながら、内容理解や思想養成を図る取り扱い法が示唆されており、非文学的材料の一つの教授法として注目される。

(5)　其　の　他

友納友次郎は、非文学的材料の内容的類別の第五番目として、「其の他」という項目を設けている。ここで具体的に取り上げられているのは、「女子的の材料」と「外国的材料」の二つである。いずれも、これまでの四つの類別と異なり、前者は性別による材料、後者は我が国以外の自然や人事を取り上げた材料であり、特殊なものとしてまとめられたと考えられる。

まず「女子的の材料」の取り扱いについては、次のように述べている。

読本の教材は材料其の物から言つても取扱の方面から言つても、男女の性別によつて幾分の相違がなければならぬ。現行読本では高等小学読本から女子用の教科書を拵へて女子に適当した教材が配当されてゐる。之は取扱の上に余程の便宜を得ること、思ふ。

ところが尋常科に於ては別にそれ等の便宜が図られてゐない。そこで便宜取扱の上に手加減を加へなければならぬ。

（同上書・三五三〜三五四ぺ）

右の考え方は、国民としての人格陶冶に性別による役割の違いを加味したものである。友納友次郎は、この考え方に立って、「女子的の材料」を次の三種類に分けて示している。

1．「特に女子のみ必要な材料ではなくて男女何れに於ても必要な材料」……「取扱の上に特別にこれ〳〵の注意を要するといふやうな大した面倒はない」

（同上書・三五四ぺ）

「山内一豊の妻」（「尋常小学読本」巻七所収）

「松下禅尼」（「尋常小学読本」巻八所収）

「水兵の母」（「尋常小学読本」巻九所収）

「三才女」（「尋常小学読本」巻九所収）

「紫式部と清少納言」（「尋常小学読本」巻十所収）

「勇ましい少女」（「尋常小学読本」巻十一所収）

「日本の女子」（「尋常小学読本」巻十二所収）

2．「純粋な女子的の材料」……「女児に対しては特に色々な具体的の補説を加へ、明確に会得させるやうに力を用ひなければならぬ。」

（同上書・三五五ぺ）

「主婦の任務」（「尋常小学読本」巻十二所収）

3．「女子用の読本に加えられた材料」……「温かな情に訴へて面白く読ませる」（同上書・三五七ぺ～三五八ぺ）

「旧師に贈る手紙」「婦道」「良妻」「祖母の物語」「養鶏」「一年の折々」「乾物屋」「姉妹の音信」（以上「高等小学読本」巻一所収）

「暑中見舞」「応急手当」（以上（「高等小学読本」巻三所収）

なお、「女子用の読本に加えられた材料」の中には、「知的のきびくした文章で記述された材料も少くない。」（同上書・三五八ぺ）として、「婦道」（「高等小学読本」巻一所収）と「台所」（「高等小学読本」巻三所収）の二教材が示されている。それらの教材の取り扱いにおいては、「何れも豊富な内容を有してゐるのであるから、一々具体的の実例によってそれ等のすべてを具体化し、十分正確に会得せしめるやうに努めなければならぬ」（同上書・三五九ぺ）と述べられており、非文学的材料教授のねらいが前面に押し出されている。

次に友納友次郎は、「外国的材料」について、読本中に数多くあるが、文章の性質からすると、「文学的の性質を帯びたもの」と「外国の事件や事情を紹介するに止まった非文学的の材料」に分けられるとの考えを示している。後者にあたるものとしては、地理談である「欧羅州の三大都」（「尋常小学読本」巻十二所収）、民情紹介の「英国民」（「高等小学読本」巻二所収）、偉大な事蹟を紹介した「ペスタロッチ」（「高等小学読本」巻四所収）などが示されている。

友納友次郎は、「外国的材料」が読本で取り上げられる目的は、「大国民としては自国の国体を明かにし、其の国民性を確知すると同時に、自国民の短所をも覚りて、世界民族と競争するの覚悟を抱かしめざるべからず」とする「高等小学読本」の編纂趣意に明らかであると述べている。ここにも、読本の編纂趣意に依拠しながら、非文学的材料の内容を整理分類しようとする友納友次郎の姿勢を見出すことができる。

三　非文学的材料の取扱

友納友次郎は、「非文学的材料」の取り扱いは、次のようであるべきだと述べている。

> 其の材料の性質上知解を主として一歩一歩厳密に其の思想関係を吟味し、正確に其の内容を会得するやうに導かなければならぬ。それが為には文字や語句などの意義をも十分確実に吟味しなければなるまいし、語法や修辞法の吟味も必要になつて来る。
>
> （同上書・三六二～三六三ぺ）

右の引用には、「一歩一歩厳密に」「正確に」「確実に」という言葉が用いられる。これによって、友納友次郎が「非文学的材料」の取り扱いにおいて、何を重視していたかは明らかである。そこでは、厳密で正確な読みとりをさせることが求められている。

「非文学的材料」は多様な内容を含んでおり、「吟味すれば吟味するほど」（同上書・三六三ぺ）内容が豊富になってくる。その内容を正確につかませることが読解させる目的であると考える友納友次郎は、そのために文章を分解することは必要であると説述している。しかし、「無暗《ママ》に文字や語句をほじくり、語法や修辞に齷齪する」（同上書・三六四ぺ）ことは「分解の弊に陥つたもので読書本来の目的に違反したものである。」（同上書・三六四ぺ）としている。

友納友次郎は右のような考え方をまとめて、「分解は分解のための分解ではなくて、総合のための分解である。」（同上書・三六五ぺ）と述べている。この考えは、友納友次郎が、かつて「国語教授の欠陥」（雑誌「学校教育」第一号、大正三年一月刊）において示した考え方であり、その読み方教授の出発点となった主張である。

「総合のための分解」という、「非文学的材料」の取り扱いに対する基本的な考え方を示した友納友次郎は、続いて知解を主とした文章において「内包的の発展」（同上書・三六六ペ）を図る必要を説いている。「内包的の発展」とは、表面的な意義の理解（筆者注・友納友次郎はこれを「外延的の方面」と言う）だけに満足するのではなく、「文章語句を解して、内容其の物に触れ」（同上書・三六七ペ）「内的経験を豊富ならしむる」（同上書・三六八ペ）ことだと説明している。児童は、内包的発展をすることによって、自力で知識を収得する。そうなるように「非文学的材料」を取り扱うことが必要であると友納友次郎は主張している。

この自力で児童が学習することを、友納友次郎は重視し、それが「従来の教授方法を一変」（同上書・三六八ペ）させることになったと述べている。この点に関しては、第四節「読み方教授論」で詳しく考察するので、本項では紹介するにとどめておく。

友納友次郎は、続いて、再び「内容其の物に触れさせる」とする先の考え方に言及し、それは「内容其の物を非常に過重する」（同上書・三七〇ペ）のではないと述べている。その上で文章の「形式と内容とを別個のもの」（同上書・三七〇ペ）と考えることを批判し、「私の考へでは全然事実を事実として考へてゐるので、別に内容とか形式とかの区別を頭の中に置いてゐない。」（同上書・三七〇ペ）と述べ、内容と形式は一体のものであるとする考え方を示している。それは、芦田恵之助が形式内容を「先後の問題」と考えたように、文章を文章そのものとしてとらえようとする考え方といえる。

さらに友納友次郎は、「一つの教材を提供したら出来得る限り彼等の心力を多方面に働かせて自力によつて色々な事実を精査して其の内容を確実に会得させるやうに指導する」（同上書・三七二ペ）と述べ、「心力」によって多くの事実に触れ、陶冶されることの必要性に言及している。そのためには、「読解するに足るだけの材料を用意しなければならぬことも屢々起つてくる。」（同上書・三七二ペ）と教師が「材料」を用意することが必要であるとも述べている。「蚕」（「尋常小学読本」巻六所収）や「茶」（「尋常小学読本」巻五所収）を例に上げ、蚕や茶の木を用意する必要を述べている。今日でも事物に触れさせることは大切であり、先導的な考え方と言えよう。

第四項　ま　と　め

友納友次郎の読み方教授論の大きな特質の一つは、この読本教材論にある。文章の性質に着目し、教材を「文学的材料」と「非文学的材料」に分ける考え方、またそれに応じた取り扱い法の工夫を主張しているところに、その特質を見出すことができる。

友納友次郎は、この新しい考え方を説得力のあるものとするため、様々な文献や話を説明の中に取り入れている。文学の定義を表した諸氏の説の紹介、藤代貞輔博士の「機能の快感」に依拠する文学の価値の説明、ヒルデブラントの国語教授に対する意見の利用、ラスキンの文学的情緒についての研究の否定的紹介、夏目漱石の文学に対する態度についての説の援用等である。そうした諸説の導入、活用が友納友次郎の読本教材観を充実したものとしていることは事実である。

友納友次郎が文章をその性質によって、「文学的材料」と「非文学的材料」に分けることはすでに述べたが、その基準となるのは、作者が何を目的としてそれを書いたかということである。前者は「情緒感興に訴へること」であり、後者は「事実を伝えること」であると説明されている。この「情緒感興」と「事実」との違いは、材料の価値、内容、取り扱いなどのすべての面に違いとして示されており、その類別の意味を確かなものとしている。

さらに又、「文学的材料」「非文学的材料」それぞれにおいても、その内容・形式によって類別がなされている。そこには、類別することによって特性を見出し、教授に役立てようとする友納友次郎の姿勢を見出すことができる。しかし、それは類別のための類別ではない。友納友次郎は、もっとも基本となる「文学的材料」と「非文学的材料」

の類別に関しても、実際には明確に分けきれないものが多いと述べている。実際的な見地に立って柔軟に教材を見つめる目を備えていたといえよう。ここで示された教材観は、とくに「非文学的材料」という範疇を立てたことによって、すぐれた先導的提唱となりえた。この考え方は『読方教授の主張と実際』にも受けつがれていく。今日においてもその基本的考え方において学ぶべきことの多い提唱といえよう。

第三節　文章教授論

第一項　文章の構造とその取扱

友納友次郎は、『読方教授法要義』第二篇第五章「文章の教授」の論述にあたって、まず「文章の構造と其の取扱」に言及し、文章教授に対する基本的な立場を説述している。そこに示された、文章の構造と、文章の取り扱いに対する基本的な考え方は、文章を作成する際の過程に依拠して述べられている。

まず、「文章の構造」に言及し、それは、大きく「内容」と「形態」に分けてとらえることができるとしている。前者は「物象」「事件」「思想」の一～二が結合したものとみなし、後者は、さらに「語句」「語法」「文脈」「修辞」「布置」「結構」等に分類することができると説明している。

右の説明で注目すべきことは、友納友次郎が「文章の構造」を一般的な「内容」と「形式」とせず、「内容」と「形態」ととらえていることである。そこには、単なる要素としての「文字」「語句」や「語法」「修辞」等の、いわゆる形式的側面にのみとらわれず、「布置」「結構」等の組み立て、配置を重視する考えが表れているように思える。

次いで、堀教授から学んだ（11）「構想」の考え方をもって、文章のできあがる過程を説明している。ここで言う「構想」とは、「文の内容たるべき事物思想を其の性質や目的に従って統一した一つの組織に整理する働き」（同上書・一六九ペ）であり、次の二つの「こころの働き」（同上書・一七〇ペ）からできていると、説明されている。

1．「集中的の仕事」……「各種の材料を内部に向かつて考えつめて、遂に一つの感想又は命題に到達する」（同上書・一七〇ペ）働きであり、到達した感想又は命題を「文旨」という。

2．「拡衍的の仕事」……「文旨を中心として各方面に及ぼし、主要なる諸思想を取捨選択して之を配置する所の働き」（同上書・一七〇ペ）であり、この働きを「布置結構」という。

友納友次郎は、右の「構想」の持つ二つの働きによって、「文章はかくして各特有の形態と思想関係とを有し、而もそれが必ず一つの文旨によつて統一せられる」（同上書・一七〇ペ）ことになると述べている。ここには、文章が「構想」を経て成り立つこと、文章を統一するものは「文旨」であることが示されている。

文章を統一するものが「文旨」であり、それによって、形態や思想関係が定まると考えた友納友次郎は、右に示した「構想」の二つの仕事を、「文旨」を中心とした文章作成の「径路」（「作者の態度」）として、次のように言い換えている。

1　文旨に到達する為に取る径路

2　文旨から拡衍的に進む径路

（同上書・一七一ペ）

友納友次郎は、作者が文章作成においてこの二つの「径路」をたどることを、具体的に「シンネン」（「尋常小学読本」巻二所収）や「冬景色」（「尋常小学読本」巻十所収）、「菅原道真」（「尋常小学読本」巻九所収）の場合を例にあげて説明している。

以上のように、「文章の構造」とその作成の過程をとらえた友納友次郎は、改めて文章を「其の文の内容たるべき事物や思想を其の性質や目的に応じて統一した一つの組織に整理し、各之に適応した形態を以つて表彰せられるもの」（同上書・一七四ぺ）ととらえ、その取り扱いに際して必要な態度を、次のように述べている。

先づ文章を十分熟読して其の思想の中枢たり出発点たるべき文旨を発見し、更に此の文旨を中心として其の文章の中に含まれてゐる雑多な内容を吟味考察して、以つて其の文の特質を発揮することに力を用ひなければならぬ。（同上書・一七四ぺ）

右の引用には、文章の取り扱いにあたって、まず「文旨」の発見が必要なこと、次いで「文旨」を中心に内容の吟味参考が必要なことが述べられている。そこには、文章の吟味参考にあたっては、その作成過程に依拠すべきであるという友納友次郎の考え方が示されている。

以上考察してきた、友納友次郎の「文章の構造と其の取扱」に関する論述は、「内容」、「形態」、「文旨」、「構想」という四つの重要語句により成り立っている。「内容」と「形態」は、「文旨」を中心として、「内容⇅文旨⇅形態」の形で結びついており、それぞれを結びつける働きを「構想」という用語で表している。また、文章を作成する「径路」は、「内容」から「形態」への向きに、逆に、文章を読みとる場合は、「形態」から「内容」の方向に進むべきだと説明されている。そこには、文章の中心に「文旨」というものを明確に位置付け、それによって文章の構造を把握し、また、構造に合致する、文章の取り扱いを行おうとする、友納友次郎の体系立った文章教授観を見出すことができる。

第二項　文旨の性質と種類

「文旨」を文章の中心に位置付けた友納友次郎は、その「文旨」の性質と種類に言及している。まず、「文旨」の性質を作者にとっても、読者にとっても、「常に其の出発点となり中枢となり到達点となつて働く所のものである」（同上書・一七四ペ）と押さえている。続いて「文章の教授では先づ其の文の精神即ち文旨を確実に捉へると言ふことが、読解すると言ふ仕事の上から見て第一の要件でなければならぬ。」（同上書・一八一ペ）と、その重要性を強調している。

しかし、友納友次郎は「文旨は其の文章の性質に従つて或は形態の上にあらはるゝこともあれば、又形態の奥に潜在することもある。」（同上書・一八一ペ）として、「文旨」と「形態」の関係に言及している。まず「文旨」を、「形態上に明かにあらはれてゐる」（同上書・一八一ペ）「顕在的文旨」（同上書・一八一ペ）と、「形態の奥に隠れて潜在せる」（同上書・一八一ペ）「潜在的文旨」（同上所・一八一ペ）とに大別し、さらに、それぞれを数種類に分ける考え方を示している。今その分類と、論述中に具体例として取り上げられた教材例を整理すれば、次のようになる。

第一類　「顕在的文旨」

1．「作者自身が文旨の部分を簡明に書き表はせるもの」

「菅原道真」（「尋常小学読本」巻九所収）、「働くことは人の本文」（「尋常小学読本」巻八所収）

2．「文旨が稍ゝ敷衍されて一節一段となり、文章の何れかに書きあらはされたもの」

「胃と身体」（「尋常小学読本」巻八所収）、「動物の体色」（「尋常小学読本」巻九所収）、「分業」「物の価」（以上「尋常小学読本」巻十一所収）

3．「内容を知らせるより外に更に他意なきもの」
「うしとうま」「たけ」（以上、「尋常小学読本」巻三所収）、「あきなひあそび」「こくもつ」「わら」（以上「尋常小学読本」巻四所収）、「爪」「はがき」（以上「尋常小学読本」巻五所収）、「四季」「物さしとますとはかり」「織物」（以上「尋常小学読本」巻六所収）、「商業問答」「やき物とぬり物」「東京見物」「海の生物」（以上「尋常小学読本」巻七所収）

第二類　「潜在的文旨」

1．「文旨が形態とからみ合つて表はされ、読了後初めてそれと会得することの出来るもの」
「かまぬすびと」（「尋常小学読本」巻五所収）

2．「形態が比喩となつて文旨を暗示するだけで、文旨それ自身は全く形態の奥に潜在せるもの」
「うとからす」（「尋常小学読本」巻三所収）、「さざえのじまん」（「尋常小学読本」巻四所収）、「鹿の水かがみ」「かうもり」（以上「尋常小学読本」巻五所収）「ことわざ」（「尋常小学読本」巻六所収）

3．「文旨が全く形態の奥に隠れて読了後の感想又は情趣となつて残留するもの」
「シンネン」「キノハ」（以上、「尋常小学読本」巻二所収）、「かへる」（「尋常小学読本」巻三所収）、「ていしゃば」「おまつり」「蝶」（以上「尋常小学読本」巻五所収）、「よいでつち」（「尋常小学読本」巻六所収）、「山内一豊の妻」（「尋常小学読本」巻七所収）、「水兵の母」（同巻九所収）、「冬景色」「勇ましい少女」（以上「尋常小学読本」巻十所収）、「斎藤実盛」「画工の苦心」（以上「尋常小学読本」巻十一所収）、「辻音楽」（「尋常小学読本」巻十二所収）、「四季の月」（「高等小学読本」巻一所収）、「雪」（「高等小学読本」巻二所収）、「ほとゝぎす」（「高等小学読本」巻三所収）

友納友次郎は、右のような「文旨」の類別に応じて、そのとらえ方や文章の読み取らせ方を工夫することを主張している。例えば、「顕在的文旨」の1に属する「働くことは人の本文」の場合は、「文旨其の物が文名となってゐるので読者は此の作者が明示してゐる文の趣旨によって一々其の内容を読解して行けばそれで宜敷いのである。」（同上書・一七九ぺ）と述べられている。また、「潜在的文旨」の2に当たる材料は、「先づ其の表面に比喩となつて言ひ表はされてゐる内容を会得し、次いで其の裏面に含まれてゐる文の趣旨を正確に捕捉せしめなければならぬ。」（同上書・一七八ぺ）と述べられている。それらは、詳細な説明ではないが、「文旨」と「形態」との関係に着目した先導的な試行と言えよう。

また、「文学的材料」、「非文学的材料」という教材の性質と、「文旨」との関係にも言及して次のように述べている。

非文学的の材料即ち知的説明的の材料は大抵文旨が明らかに言ひ表はされてゐる。

（『読方教授法要義』・一七九ぺ）

殊に情趣感興を主とした美文的の材料や文学的の材料は多くの場合に於て文旨が文章の全体に散逸して形態の上にはつきりと言ひ表はされてゐない。

（同上書・一七六ぺ）

右の引用からは、「文旨」が「顕在的」か「潜在的」といった観点からも、「文学的材料」と「非文学的材料」の類別の妥当性が示されていると言えよう。

第三項　形態の内容とその取扱

友納友次郎は「文旨」の問題に続いて、「形態」にかかわる問題を取り上げ、説述している。そこで取り上げられている問題は、「段落布置結構の取扱」と「句法の変化と語句の配置」についてである。友納友次郎は、この二つの問題を、いずれも、文の生命である「文旨」を明瞭に表現し、また確実に理解するために不可欠なものとして位置づけている。以下順次その内容を考察してみたい。

友納友次郎は、「段落布置結構の取扱」の論述にあたって、「結構」「段落」「布置」の順に、その意味するところを、それぞれ次のように説明している。

「結構」は、文章を構成する主要思想によって作られた、「文章の骨組」(同上書・一八三ぺ)である。作者は、「文旨」を定めたのち、「重要な諸思想を整理して之を適当に配置する」(同上書・一八三ぺ)作業を行う。この作業を「結構を立てる」(同上書・一八三ぺ)と言うが、その際には「諸思想」を「文旨に対する関係又は相互の関係によつて適宜に配置」(同上書・一八三ぺ)するようにしなければならない。

「段落」は、文章の中心にある大きな「思想の切目」(同上書・一八四ぺ)のことである。「結構を立てる」ことによって、諸思想の配置された文章は、自然のことながら、思想ごとの「切目(これを「段」という)」がある。そのうち大きな切れ目を、とくに「段落」と言う。同様に、各段落においても、「幾つかの小さな思想」(同上書・一八四ぺ)が「整然たる秩序を維持し」(同上書・一八四〜一八五ぺ)ており、「それ〴〵纏まつた一つの思想を言ひ表はし」ている。それを「句節の配置」(同上書・一八五ぺ)という。

「布置」は、「思想の排列、段落の配置」(同上書・一八五ぺ)のことである。文章が「各段でそれ〴〵纏まつた一つの思想を表彰し、更に個々の段落は互いに連関して文旨に統一せられてゐる」（同上書・一八五ぺ）様子を表わす用語である。

以上の用語の説明によって「結構を立てる」ことも、「布置」を考えることも、「文旨」によって統一される「諸思想」の「排列」「布置」にかかわることである、と理解した友納友次郎は、「布置結構の取扱は即ち段落の取扱である。」（同上書・一八五ぺ）とする考えを示している。そのように考えるとき「段落の取扱」は、「文旨」の把握、すなわち文章理解にとって、最も重要な仕事であるということになる。友納友次郎はそのことを次のように述べている。

読み方の教授に於ては此の大段、小節の区別が縮約せられた形で頭の中に考へられ、各思想が連続的に組織されてゐることを確かに掴ませることが出来たら、それで目的の彼岸に達したものと考へることが出来る。

（同上書・一八四ぺ）

「段落」の取り扱いが、「布置結構の取扱」であり、文章理解の重要な仕事であるととらえた友納友次郎は、続いて、その具体的な取り扱い方法に言及している。そこで具体的に示されているのは、「段落」関係を「網目様に書取らせる」方法である。友納友次郎は、「思想の性質が複雑であればそれだけ網目も亦複雑となつて来る」（同上書・一八六ぺ）と、実践上の問題点にも配慮しながら、「符号や其の他の方法によって連続・従属の関係の関係を十分に明らかにして、思想の性質及び関係を明瞭ならしめるやうにしなければならぬ。」（同上書・一八六ぺ）と述べている。次の「蜜蜂」（「尋常小学読本」巻十一所収）の構造図が、具体例として示されている。

第一段、蜜蜂の群集生活

第二段、働蜂の労役
第三段、働蜂の分業
第四段、女王の任務と繁殖
第五段、蜂合戦

第六段、蜜蜂の群集生活を営み得る所以

（同上書・一八六ぺ）

友納友次郎は、この「蜜蜂」の例のように「網目様に書取らせる」ことによって「文章の思想関係を明瞭に理解させることが出来る。」（同上書・一八六ぺ）と述べている。それとともに、この方法を繰り返し行うことによって、「叙事文などでは思想が時間的に規則正しく進行し、記載文では思想が空間的にはたらいて、其の位置・状態・関係等を順序よく叙述すると言ふやうな思想の性質其の物から来る所の文の体制など」（同上書・一八六〜一八七ぺ）も「知らず識らずの間に会得させることが出来るであらう。」（同上書・一八六ぺ）とも述べている。

そこには、文章を「段落（段）」から成る構造体とみなす考え方とともに、教授方法を工夫することによって、注入的でない教授の仕方が生まれるという信念をも、読みとることができる。

続いて、友納友次郎は、「思想を叙述する一般的通則」として、文章を「準備部」・「叙張部」・「収結部」（同上書・一八七ぺ）の「三部」に分ける考え方や、漢学者の用いる「起端八法」「叙事十一法」などを紹介している。その上で、これらの方法は、「一般的抽象的の性質を持つたもので、すべての文章が之に当て嵌まるものと考へてはならない。」（同上書・一九三ぺ）としながらも、教授者として心得ておくことは、「教授上の参考に供し、場合によつては之を教授の上に利用することも確かに文章に関する知識を与へる上に有効な方法であらう」（同上書・一九四ぺ）と述べている。

以上のような、「形態」面から見た「結構」「布置」の論述に続いて、友納友次郎は、「文章の本質たる思想其の物の論理的性質及び相互の関係」（同上書・一九四ぺ）を考究する必要性について、言及している。それは、文章教授の期する所が、「思想其の物の論理的性質及び相互の関係と言ふものを明らかにし、之が如何に総合せられ組織せられてゐるかと言ふことを知らせることによつて、一種の陶冶を与へようと言ふ」（同上書・一九四〜一九五ぺ）ところにあるとする考え方に依拠している。

そこには、文章教授を、単なる「形態」面の指導にとどめず、より本質的な「内容」の教授にまで深めようとする、友納友次郎の姿勢を見出すことができる。

友納友次郎は、これまで、「一編の文章を構成する場合には文章全体から見渡して各段が互に文旨に連絡を保つてゐなければならぬ」（同上書・一九六ぺ）とする巨視的立場に立って、「段落布置結構の取扱」を論述してきた。しかし、その一方で「各段落は成るべく同様な書き振りを避けてそれ〴〵変化ある形を以て言ひ表はされてゐなければならぬ」（同上書・一九六ぺ）という微視的立場にも立ち、「句法の変化と語句の配置」（同上書・一九六ぺ）を重視しなければならないとする考えを示している。つまり、それは文章の取り扱いにおいては、「各段はそれぞれ趣を異にした句法を使つて統一の間によく変化を保持してゐる」（同上書・一九六ぺ）ことを知らせることが必要であるという考え方に集約されることになる。

右のような考え方に立って、「句法の変化と語句の配置」に関し、友納友次郎が具体的にあげている工夫と教材例は、次のとおりである。

1　起筆の工夫……「虎と猫」（「尋常小学読本」巻八所収）

2　複雑な思想を言い表す場合や雑多なものを彙類して書き表す場合の工夫……「我が陸軍」（「尋常小学読本」巻九所収）、「我が海軍」（「尋常小学読本」巻十一所収）

3　同一の言葉を繰り返さないこと……「コレガスンデカラ」（「尋常小学読本」巻二所収）、「かうもり」（「尋常小学読本」巻五所収）

友納友次郎は、右に述べたような「句法の変化や語句配置の有様を十分に吟味して作者の苦心のある所を忖度し、且文章構成の妙を会得せしめ」（同上書・二〇〇ぺ）ることが、文章を取り扱う場合に必要であると、主張している。そして、「句法の変化や語句の配置の有様まで十分に吟味し」なければ、「真の読解を期待することが不可能であらう。」（同上書・一九九ぺ）と述べている。

以上考察してきた、文章の形態とその取り扱いに対する、友納友次郎の考え方には、文章の形態の取り扱いという面からも、画一的で形式的な教授のあり方を打破しようとする姿勢を見出すことができる。

第四項　文章教授上の留意点

一

友納友次郎は、『読方教授法要義』第二篇第五章「文章の教授」の第七節から第十節までを、それぞれ「文章の種類と其の取扱」、「書簡文と其の取扱」、「文章の練習法」、「句読法及び分別書き方」とし、文章を取り扱う際に具体的に問題となってくることを取り上げ、説述している。これらはその問題としている所により大きく二つに類別できる。すなわち、「文章の種類と其の取扱」と「書簡文と其の取扱」は、普通文と書簡文という観点から二つに分けて、文章の取り扱いを論述している。また、「文章の練習法」と「句読法及び分別書き方」は、文章を正しく読み取るための必要事項について論述している。

以上の問題による二分類に従い、以下、文種による取り扱い、文章を正しく読み取るための必要事項の順にその内容を考察してみたい。

二

友納友次郎は、文種による取り扱いに対する考察を、普通文、書簡文の順に行っている。まず普通文の取り扱いに関して、記事分・叙事文・説明文・議論文に分けて考える一般の通則を、「全く理論の上から生れた模式的ものである」（同上書・二〇一ぺ）として、その「四種の文章分類にはあまり重きをおいてゐない」（同上書・二〇一ぺ）と述べている。ただ、それらの文章が、「帯びてゐる」（同上書・二〇一ぺ）性質を「明らかにしておくことは、文章を取扱ふ上に少からぬ便宜を得るやうに思つてゐる。」（同上書・二〇一～二〇二ぺ）として、それぞれの性質の持つ特徴を、読本の教材に即して説明している。それらの中で大切な考え方を示しているのは、記載文と叙事文の記述について述べられている、次のようなことである。

記載文は、「空間的の記述で、物の静的状態を叙述し」（同上書・二〇三ぺ）、叙事文は、「時間的の記述で、事物の動的状態を叙述したものである」（同上書・二〇三ぺ）と原則的なことを説明した後、「何れも見方によつて総括的の記述と部分的の記述とに分れ、述べ方によつて記実的の記述と感興的の記述とに分かれる」（同上書・二〇三～二〇四ぺ）と述べている。さらに、「総括的の記述」と「部分的の記述」のねらいの違いに言及し、前者は「主として読者の知識に訴へ、何等かの理解を与へようと努め」（同上書・二〇四ぺ）、後者は「読者の感情に訴へ、感興を喚び起さうと努める」（同上書・二〇四ぺ）と述べている。ここには、記載文と叙事文に限らず、いかなる文種も通則となっているものを鵜呑みにせず、文章の実際に応じた取り扱いをし、「教材固有の特色を発揮することに努力しなければならぬ」（同上書・二〇五～二〇六ぺ）とする友納友次郎の考え方を見出すことができる。それは、形式的画一的取り扱いの打破をめざした友納友次郎の基本的な姿勢でもある。

友納友次郎は、普通文に続いて書簡文を取り上げ、その取り扱い方を説述している。書簡文は、普通文と違い「何時もはつきりと極つた対者を有してゐる」（同上書・二〇六ペ）として、「対者の身分や其の時の事情」（同上書・二〇六ペ）に応じた一定の作法（「書札礼」）が必要であると述べている。しかし、現状はその作法が一定していないので、教材に取り上げられた書簡文を、それに代わるものとしたと述べている。

右のような考え方に立って、友納友次郎は、読本中の書簡文を列挙し、それぞれの「文の種類」「文種」「文体」「対者」を一覧表にして示している。又、書簡文の様式についても言及し、それぞれのところで注意すべきことを説明している。それは、いずれも教授の便に役立てようとの意図によるものである。

さらにまた、書簡文を実際に取り扱う上での注意にも言及し、「発信者と受信者との関係、手紙を書く前後の事情及び用件の性質など十分に吟味させること」を取り上げている。それは「書簡文の教授は一面に学識の養成を兼ねてゐる。」（同上書・二一二ペ）との立場に立ってのことである。

三

友納友次郎は、文種による取り扱いに関する論述に続いて、文章を読み取るための必要事項について説述している。ここでは、「文章の練習法」「句読法及び分別書き方」の順に考察を加えてみたい。

「文章の練習法」として友納友次郎が示しているのは、「文旨の練習」「布置の練習」「段落の練習」の三つである。これらはいずれも、文章の文旨や形態にかかわる練習である。

「文旨の練習」の具体例として示されているのは、「うしとうま」（「尋常小学読本」巻三所収）を「うま」と言う文章に書き換えさせたり、「烈士喜剣」（「尋常小学読本」巻十二所収）を「大石良雄」に書き換えさせるなど、文章の文旨を変えることにより、文章の文旨そのものをとらえる練習や、語句、段落に注目させる練習として有益であると述べている。

「布置の練習」は「文の布置法を変換することで、文旨のある所を確かめ、而も其の文旨の示す所に従つて各段落を置き換へ、語句の配置や句法の変化する有様を練習することである。」（同上書・二一四ぺ）と説明している。具体例としては、「遠い所から近い所に記述が及ぼされてゐる」（同上書・二一五ぺ）「うみ」（「尋常小学読本」巻三所収）を「近い所から遠い所に書き換へさせて見る」（同上書・二一五ぺ）や、「静的の事物から動的の犬や人に及ぼしてゐる」（同上書・二一五ぺ）「雪のあさ」（「尋常小学読本」巻四所収）の記述を逆にさせることなどが示されている。この練習によって、「文旨の示す範囲内で布置の工合は幾通りにも変換が出来る。」（同上書・二一五ぺ）ことを学ばせたり、「語句や句法の有様が異なつて来る」（同上書・二一五ぺ）ことを知らせることができると述べている。

「段落の練習」は、「文章に於ける布置の練習のやうに段落の内に含まれた幾つかの小さい思想を色々と書き換へて段落内に於ける布置や結構の有様を練習する方法である」（同上書・二一五ぺ）と説明されている。又、それは「動詞・助動詞・接続詞などの練習や語句の配置、句法の練習などには極めて有益な練習法である。」とも述べられている。

以上示した、三つの練習法を主張する友納友次郎の考え方には、文章を構造体ととらえ、文旨と形態の関係を考えさせることにより、より一層の読解力をつけさせようとする意図がこめられていることがわかる。又このような様々な工夫を考案するところに、友納友次郎の卓見と教授に対する熱意を見出すことができる。

友納友次郎は、「句読法及び分別書き方」について、その法則を示し、「教授者其の人は十分之に習熟して自由に使用すること」（同上書・二二二ぺ）の必要性を説いている。しかし、児童には「甚だしい誤読が起こらない限り、それを許容すると言ふ態度」（同上書・二二三ぺ）で接することが大切であると述べている。そこには、児童と大人を区別し、其の実態に応じた教授のあり方を主張する、友納友次郎の姿勢を見ることができる。

第五項　ま　と　め

友納友次郎の文章教授論においては、その主な特質としての次の二つのことを挙げることができる。

第一は、文章を文旨を中心とした構造体とみなし、文章理解の筋道を、文章表現における「構想」の二つの「径路」に求めている点である。それは、作者が文章を拵しらえるためにたどった「自然の道行」（同上書・四〇三ぺ）をたどることによって、文章を理解させようとする考え方であり、友納友次郎の文章教授の基本的考え方と言えるものである。

第二は、文旨の性質を明瞭にしたことである。「顕在的文旨」と「潜在的文旨」の二つに類別したことがそれである。この考え方は、当時にあって先導的なものであり、友納友次郎の読み方教授論における優れた提唱と言える。

その他、文章の布置結構を明らかにするために用いられる「網目様に書取らせる」（同上書・一八五ぺ）方法や「文章の練習法」などの工夫などにも、新しい主張を見出すことができる。このような、二つの特質や新しい工夫を見るとき、友納友次郎の文章教授論は、当時にあって先駆的価値を有していたと言うことができる。

第四節　読み方教授論

第一項　三つの教授論からの示唆

友納友次郎は、本書第四篇第一章「教授学最近の傾向と国語教授」において、我が国語教育界に取り入れられ、自らの読み方教授論構築に影響を与えた三つの学説を取り上げ、その功罪を論述している。その教授論は次の三つである。

1．ヘルバルト学派の形式的段階説
2．メスマーを中心とする教授段階不要論
3．ゲルハルト＝ブッテとエルンスト＝リンデを中心とする人格的教育学[12]

以下1・2・3の順序で考察してみたい。

一　ヘルバルト学派からの示唆

まず、ヘルバルト学派の形式的段階説については、同時代の教育思潮とともに、教授学が科学的に整理されたものとして、一応その意義を次のように認めている。

前代の教育思想に対して確かに一新時期を画した者で、各自の経験に基づいて適宜な方法を主張し、著しく主観的に偏してゐた前代の思想に対して、此の個々の思想を整理して系統ある排列を試みようと努めた傾向が見へる。（『読方教授法要義』・三七四ぺ）

しかし、その後ヘルバルト学派の形式的段階説は、「あまりに系統的排列を重んじた結果は所謂形式固執の弊を産み出し、反つて教授法の進歩を防げると言ふことになつた」（同上書・三七六ぺ）として、批判され退けられるようになったと述べている。友納友次郎も又、「読み方教授は言語・文章を対象として研究せらるべき者《ママ》であつて、之より以外に教授方法を構成する手段はない筈である」（同上書・三八五ぺ）との立場に立って、形式的段階説にとらわれた従来の国語教授を次のように批判している。

我が国語の教授は前にも述べた通りに本来の性質上此の如き教順によることの出来ない教科で、寧ろ分解よりも総合に重きを置くべく、理解よりも玩味、説明よりも直覚に重きをおかなければならぬ性質を有してゐる。斯様な性質を有してゐる教科に如上の教順を無理に適用しようとした結果は、教材を頻りと分解して無用な手数を費し、語句の深究と称して迂遠な仕事に時間を浪費し、尚飽き足らず進んで語法、修辞法の如きものまでも教壇上の仕事に持ち込んで来ると言ふ様な有様に立至つた。（同上書・三八六～三八七ぺ）

画一的分解的教授を否定する友納友次郎の立場からすれば、形式的段階説および、それに依拠する教授が右のように退けられるのは当然のことである。ただ、友納友次郎はヘルバルト学派に属する考え方をすべて否定していたわけではない。同派に属するフォン＝ザルヴュルク[13]の『教授学上の模範形式』を取り上げ、次のように紹介している。

ヘルバルトが情操陶冶と興味の惹起とを以て教授の目的としたのに対して、教授は道徳・科学・技芸を教へるものであると主張し、所謂模範形式については論理学的並に心理学的法則に従つて個々の事項を教授する形式を見出さなければならぬと喝破し、論理学的根拠と心理学的根拠とを以て教授段階を定める二大基礎とした。かくて氏は教授段階を指導・提示・整理の三段に分ち、論理学的基礎を重んじて認識の順序の上に教授の模範形式を建設した。

(同上書・三七七ぺ、傍線は引用者による)

友納友次郎は、傍線で示した部分にザルヴゥルク独自の考え方を見出し、心ひかれたものと思われる。ザルヴュルクの教授段階を論理学的基礎を重んじ、認識の順序に従って構築しようとする考え方は、「学習は一つの心的進行である」との立場に立つヘルバルトの考え方から一歩踏み出したものであり、次に友納友次郎が取り上げているメスマーの教授を二つの規範(「論理学的規範」と「心理学的規範」)によって規定しようとする考え方に通じるものがある。また、友納友次郎は、「教材の性質によって知識を収得する場合」を四つに分けるザルヴュルクの考え方をも紹介しているが、それは教材の性質に着目し、それによって教法を定めようとする自らの考え方につながるものであり、実践的に取り入れが可能と思ってのことと思われる。

二　教授段階不要論からの示唆

2のメスマーの説は、ヘルバルト学派と全く立場を異にする教授段階不要論である。メスマーの主張を、友納友次郎の説明をもとに要約すれば、次のようになる。

教授学規範として、児童の精神活動の正しさを期するところの「結果の正確」と、その正しさを得んがための「心的力の経済」すなわち「労力の経済」の二つを設定し、この両規範が一丸となって初めて、其の教材の目的とする所に適合すること（筆者注・これを「目的適合性」と名付け、教授学上の最高規範として位置付けている）ができる。「結果の正確」は論理的規範であり、児童をして正確で科学的な結果に至らしめることを要求するのであるが、それに至る児童の思考作用（教授者から言えば「教授方法」）においても論理的方法を要求する。科学的真理を探究する際の論理的方法は、教授学の目的とする所の方法と一致するからである。しかも、第二規範の「労力の経済」は、教授者が論理的方法により、児童の思考作用を進めさせることで自ら達成される。

以上がメスマーの説の骨子である。教授の根本原理に着目し、二つの規範を立てるというこのメスマーの考え方は、友納友次郎が読み方教授において規範的条件を設定し、それによって教授を進めようとする考え方に生かされていくことになる。規範の内容そのものも、教材の目的に着目し「目的適合性」を教授の最高規範とする点、論理的規範と心理的規範を視野に納める点、ともに肯定的に受け入れられている。

三　人格的教育学からの示唆

3の人格的教育学の考え方は、「従来の教育学が方法を尊重して人格を等閑に付してゐた」という欠陥を補うものとして紹介されている。この人格的教育学の考え方は、当時の現場における「創作的の気分」を尊重する考え方等にも力を与え、多大な影響力を持ったと紹介されているが、友納友次郎も佐藤熊治郎教授や中島教授の著作を通して多くのことを学び取っており、以後の教授論の中にしばしばその影響を見ることができる。友納友次郎によれば、人格的教育学の主張の概要は次のようである。

教授上最も重要なものは、教材が教師の心霊内に同化せられ、其の生命の中に織り込まれて所謂人格的所有となると言ふことである。教授は一方に於ては教材が教師の人格的生命の中に編み込まれるといふことと、他方に於ては之を児童の心意に適当なる仕方で提供する方法が自然的に教師の内部より発露して来るといふことが最も必要である。つまり教材其の物が人格的となると同時に方法に関する理論も亦人格的とならなければならぬと言ふことである。

（同上書・三八二～三八三ぺ）

人格的教育学は、教授者の人格を重視し、それによって教材を解釈し、教授方法の適切化を図ろうとする考え方を基本としている。友納友次郎は、この人格的教育学の考え方と触れることによって、教師自身の人格陶冶の必要性を学び、内的経験を重んじる個性的教授法の提唱にあたっての大きな示唆を受けたと考えられる。

四　まとめ

以上考察してきたように、友納友次郎は、我が国の教育界に影響を与えた多くの学説の中から、ヘルバルト学派の形式的段階説、メスマーを中心とする教授段階不要論、人格的教育学の三つを取り上げ、自らの読み方教授論の構築に与えた影響について論述してきた。それぞれの学説をどう受け止め、そこから何を学び取ったかということは、次の友納友次郎の言葉に端的に表されている。

ヘルバルトやチラー(14)などは方法其の物に重きをおいたのに反してメスマーは教材に重きをおき、ブッテやリンデは教師・児童の人格其の物に重きをおいて、各自己の信ずる所を主張してゐるやうである。

（同上書・三八四ぺ）

右の引用からは、友納友次郎が、ヘルバルトからはその方法重視を否定しながらも客観的方法を、メスマーからは教材重視の考え方を、リンデ等の人格的教育学からは教師・児童の人格重視の考え方を学びとり、自らの読み方教授論の構築作業の中に取り入れていったことがわかる。こういった教育学の基盤の上に立って構築されていった友納友次郎の読み方教授論が、どのようなものであったのか、以下その点について考察を進めてみたい。

第二項　教授方法の生命と構成要件

一　教授方法の生命

友納友次郎は、本書第四篇第二章「教授方法の生命」を「方法はどこまでも方法で方法其の物に何等の生命のあるべき筈がない」という書き出しで始めている。それは「一体教授の方法といふものはどれだけの生命を有し価値を有するものであらうか」（同上書・三九六ペ）という自らの疑問に対する答えである。

かつて、準備を十分に行いながら失敗した野外教授と、偶然に行われた説明が成功した遠足の二つの経験から教授方法の生命・価値に疑問を抱いていた友納友次郎は、佐藤熊治郎教授の「人格と教材と方法」（雑誌「学校教育」第四号、大正三年四月刊）にその解決の糸口を見出した。佐藤熊治郎教授の論文は、人格的教育学の考え方を敷衍したものであり、その内容は友納友次郎によって次のように紹介されている。

教授者の内部に於て自己の生成発展の資源とならざる教材、言ひ換へれば教授者の人格的生命の中に編み込まれざる教材は如何に巧妙なる教授術を以てしても、児童の内界に流れ込みて其の有機的生活のうちに同化せらるゝ事は出来ない。そこで教授者は我々人間社会に於ける精神的力、精神的財産、精神的所有と称せらるべきものに就いては、凡て是を自己の真の所有と称し得る程度に達しなければならないと説き、尚而し教材が教授者の人格的所有になつたからと言つてもそれで以て直ちに教授者としての立派な資格が備はつたとは見られない。教授者としては矢張教授方法に関する理論に通達してゐなければばらぬ。だが此の場合に於て其の理論上の原理原則が教授者の心霊的生命の内に同化せられ、其の霊感となり本能的執意となつて始めて創作的、生産的の教授を見ることが出来ると説かれてゐる。

（同上書・三九七ペ）

友納友次郎は、「此の論文の内容を悉く明瞭に理解することが出来ない」としながらも、そこから教授者が教材を人格的に所有し、教授法を内的に同化することを教授の理念として学びとっている。その学びとったことは、端的に言えば「教法に生命を与えるものは教授者の人格である」ということに帰着するが、本書においては、未だ明確に文言として位置づけられていない。しかし、その精神は、先に述べたごとく、既に自らのものとしていたことは疑いのないことであり、以下の読み方教授論のなかにも目にすることができる。この文言が明確に著書の中に位置づけられるのは、本書の五年後に著された『読み方教授の主張と実際』（大正九年五月、目黒書店刊）においてであり、次のように記述されている。

教師が其の教材の中から其の教材の取扱法と云ふものを発見して、其の教材に適応した方法といふものを工夫する所に教法の生命といふものが存在してゐるのであります。

（『読み方教授の主張と実際』・四三九〜四四〇ペ）

総て教材は同時に教法を提示して居るのであります。だから教材そのもの、中から其の教材を取扱ふ教法を発見し得るだけの眼識を有して居なければなりませぬ。此処が教授方法の生命でありまして、総て方法は人格の中から迸り出て意味を成すものであります。人なる哉、人なる哉。

（同上書・四五五ぺ）

教材を教授者の人格に取り入れることによって生きた教授法を生み出すべきだとするこの理念は、佐藤熊治郎教授の論にその理論的基盤を見出し、以後の友納友次郎の読み方教授論を支える大きな柱となった。同時にそれは、教授者の人格論としてもまとまりを持ったものとして発展していくことになる。

佐藤熊治郎教授によって教授理念を与えられた友納友次郎は、その理念にのっとって自らの従来の教授を反省し、新生面を開拓しようと努める。まず、従来の教授に対する反省を次のように述べている。

従来私がとつてゐた教授の方法はあまりに予定に過ぎてゐた。児童のすべてが自身の力では到底読めないもの、指導の力を藉るでなければ理解し得ないものと考へて、あらゆる仕事を工夫して割り当てゝゐた。

（『読方教授法要義』・三九八ぺ）

又、次のようにも述べている。

私は従来教授の方法を構成する上に児童の能力に差異があるといふことを考への中に入れてゐなかつた。教授の予定を拵へる上に児童といふはつきりとした対象が定められてゐなかつたのである。其の為に色々な矛盾が起つて来たやうに思つてゐる。

（同上書・四〇九ぺ）

従来の教授は、児童の能力差を考慮せず、教師本意であったと反省している。いかに教材を十二分に研究し、そこから導き出された方法を準備しても、教授を受ける個々の児童の能力を考慮しなければ、その教授がうまく行ったと思えても、それは教師の思い込みにすぎず、全ての児童に満足を与えるものではないと気づいたとき、友納友次郎は「全く従来行つてゐたやうな教授法を一変する」（同上書・三九八ペ）必要に迫られたのである。新しい教授法は、次のように説明されている。

私は一切教材を教師が取扱ふといふ考へを取り除けて、教材を児童に提供して教材其の物から直接に陶冶を受けるやうに仕向けることにした。つまり教材を児童に投げ渡してそれを児童に処置させるといふことになるのである。（同上書・三九九ペ）

教師の準備した軌道の上を、児童全員同じように黙って走らせるのではなく、児童を教材と直接向かい合わせることで、能力に合った方法を選ばせ、学ばせようという考えが示されている。つまり、教師からの一方通行の教授から各児童に活躍の場を与え、それを生かしていく教授へと移行しようとしたといえる。

この新しい教授方法をとるとき、「児童は提供された教材に対して各出来るだけの力を注いで其の内容を読解し、それに含まれた文字や語句を習得しようと努力する」（同上書・三九九～四〇〇ペ）ことになり、各自能力に見合った多くの問題を抱くことになる。各自が種々の問題を抱えて教師にぶつかってくるようになると、自他の問題を合わせて考えることで頭は多様に働くことになる。進んだ児童も深く内容や形態に着眼し、次第に創作の態度に進んでいくことになり、時間を無駄にすごすことがないというのである。

最初から最後まで教師の予定に従って教授を進める従来の方法とは異なり、まず児童を直接教材に向かわせて、問題意識を抱かせ、それを教師の手で集約する形で教授を進めようと考えたことがわかる。それによって個を生かし、学級全体を生かすことができると考えたといえよう。
友納友次郎は、以上のような考え方をまとめて、新しい教授方法の意義を次のように述べている。

同じ読ませて居ても個々の児童はそれぐ〱異なつた態度で教材に接してゐる。今までのやうに読みは読みだけといふやうなことにはならぬ。つまり教師は成るべく単純な仕事をしてそれで児童を多様に働かせる。教師は一色の仕事をしてゐるが児童の仕事は十人十色に変化して働くといふことに学級教授の真の意味が含まれてゐるのではあるまいか。
（同上書・四〇〇〜四〇一ペ）

児童の能力差に着目し、各自に応じた多様な活動を行わせることを「学級教授の新の意味」と位置付けた友納友次郎は、その教授が十分にその所期の目的を果たすための条件として、次の二つのことを示している。
1．教師が児童の疑問に明確な解答を与えることができること。
2．学級の教授を成立させるのに必要な学習訓練が児童に施されていること。
1に関して、次のように述べられている。

教師は先づ十分に教材を研究して、どんな疑問に対しても自由自在に解答を与へ、機会を捉へて指導を与へるだけの準備が整つてゐなければならぬ。
（同上書・四〇一ペ、傍線は引用者による）

と述べられている。それは、教材を教師が人格的に所有することの必要性を示したものであり、傍線部に示されたごとく、教材と児童のかかわりから生まれてくる疑問を、必要に応じ臨機応変に教授の流れの中に取り入れていくことを示したものである。1は、主として教授者自身の心得について示された条件ではあるが、この説明からは、明治期には一体のものとして扱われていた教材と教師が次第に独立した立場に立ち、教師、教材、児童という授業の三要素がそれぞれ互に有機的にかかわりあうようになっていく過渡期的な姿を読みとることができる。

2については、まず当時にあって児童の「学習訓練」が明瞭に示されていることに意義を見出すのであるが、具体的には次のような説明がなされている。

児童が勝手に質問することになると学級の教授といふことが出来ないといふ恐れがある。そこで先づ十分に学習訓練を施して、質問の場合に一人のものが指名されて発問している間は悉く其の発問の方に頭を向けさせる様に訓練しておかなければならぬ。さうして其の疑問に対して応答の出来るものは、教えるといふ位置に身をおいて進んで解釈を与へようと競はせ、応答の出来ないものは教へを受けるものゝ位置に身をおいて傾聴するといふ習慣を養つておかなければならぬ。

（同上書・四〇一～四〇二ぺ）

質問・応答の秩序、聴く態度、児童相互の教え合い等の要件が示されている。ここにも児童尊重の姿勢とともに、それを自らの教授法の中に積極的に取り入れ、新生面を切り開こうとする友納友次郎の姿勢を見出すことができる。

友納友次郎は以上見てきたように、教授法に生命を与えるものとして教授者の人格を位置づけるとともに、児童の多様な活動を尊重する姿勢を持って新たな教授法を確立しようとしていたことがわかる。以下、その教授方法を構成する具体的要件について考察を進めてみたい。

二　教授方法構成の要件

友納友次郎は、『読方教授法要義』の前年に刊行された『実際的研究になれる読方綴方の新主張』の第一篇第六章を「教授の方法を構成する諸要件」と名付け、具体的に要件となるものを示している。そこでは、まず「国語の教授の方法を規定し構成するものは、教授の対象たる言語・文章を対象物として研究する所の各種の学問でなければならぬ」（同上書・八五ぺ）と述べ、発音学・言語学・国語学・修辞学等の基礎的学問が該当すると述べられている。さらに、従来の考え方に立って「教材其の物が如何に教授すべきかの方法を一方より要求し規定するものである」（同上書・八五ぺ）として、教材そのものをも、要件の一つとして位置づけている。

教材とそれを対象として研究する学問が、教授方法構成要件ということであれば、教師にとって、教材研究ということが「教授上最も重要な仕事」（同上書・八五ぺ）であり、そこで取り上げられる研究内容こそが、教授方法を規定することになるというのが、友納友次郎の考えである。

友納友次郎は、他人の文章を考究する際には、一般的な文章構成の秩序（1）文旨を定めること、（2）結構を立つること、（3）拡充すること）に従うのが最も便利であるとして、次のような順序で示される六項目を教材研究の内容として示している。

1. 文章の思想関係
2. 顕在せる文旨と潜在せる文旨
3. 題目（文名）と其の取扱
4. 文旨の形態との関係
5. 文章の結構
6. 文章の形態

1～6は教材（文章）のみに絞った項目ではあるが、内容・形態の両面に目を配り、題目までも取り上げたものとなっている。今日の「教材研究」から見ても、教材そのものに限定すれば、教材の選択にかかわる目標・価値・難易度等の項目を除けば、ほぼその要件を満たしているといえる。

以上考察してきた教材そのものの研究が教授方法を規定するという基本的な考え方は、本書にも受けつがれ、右に示した1～6の項目とその順序も又、受けつがれている。

しかも、本書において、友納友次郎はもう一段高い視野から教材を検討することを考え、(1)教材の性質、(2)教材の選択された理由、(3)教材の国語教授上から見た価値の三点を意識することの必要性を説いている。それは教授方法構成上、より基本的な作業であり、国語教授全体の中に個々の読み方教材を位置づける作業にもつながってくるものであった。

こうした基本的項目三点及び『実際的研究になれる読方綴方の新主張』で提示された六項目が教授方法構成の第一条件「教材そのものの研究」の内容であるが、それらは、いずれも教師その人に明瞭に意識され、人格の一部として取り入れられることが必要であると論述されている。それは、すでに「一　教授方法の生命」で考察した如く、摂取した人格的教育学の考え方が具現されたものであることは言うまでもない。

友納友次郎は、第一要件としての「教材そのものの研究」とともに、それを進める上で「土地の状況や児童の程度に応じ」ることの必要性にも言及している。これらは、いわば副次的用件とも言えるものであり、本項「一　教授方法の生命」で見たごとく、友納友次郎が学習者としての児童やそれを取り巻く環境に対しても目を向けつつあったことを示している。

友納友次郎は、次に教授方法構成要件に対する自らの考えに基づき、教順の問題を取りあげ考察を進めている。教順は、教授方法の中でも大切な問題であり、形式的段階説に代表される形式的教授を否定する友納友次郎としては、それに変わる教順もしくは規範を示す必要があったからである。児童の能力差に気づいた友納友次郎が、従来の教授方法を一変させたことは、すでに「一　教授方法の生命」で触れておいたが、実際の詠み方教授を進めるにあたっては、教材をいかに読み取っていくかという順序なり、それを可能とする規範なりを示さなければならないのは当然のことである。

新しい教順を示すにあたり友納友次郎は、従来行っていた「範語教授」「初歩の文章教授」「進んだ程度の文章教授」それぞれの型を示し、それらは「知らず識らずの間に一定の形式に囚はれてゐた」と反省している。その実際はどうであったか、「進んだ文章教授の型」を取り上げ次に示しておく。

イ　予習　　ロ　大意を取らす　　ハ　読み方練習　　ニ　各段について話させる

ホ　読み方（形式と思想との連結）　　ヘ　各段についての主要点の発見　　ト　文字語句の探究

チ　篇・段落等の取扱　　リ　応用的練習　　ヌ　達読又は話し方　　（同上書・四〇七ぺ）

国語教授に「直感から概念へ」という概念形成の筋道を当てはめた五段教授の教順に比べ、友納友次郎の右の教順は、対象たる事物を明らかにすることを主たる目的とする読み方教授によりふさわしいものであった。読み取りの流れとして無理はなく、時間を考えたり、ふさわしい教材を見つけたりすれば、今日においても一つの教授形式として実践に取り入れることも可能である。友納友次郎は、しかし、自らの教順を「画一に過ぎ」、能力差のある児童に適応するものではなかったとして退けている。

これまでの考察でもわかるように、友納友次郎は、一つには読本の教材は多様であり、「各篇各異なつた教法が構成せられなければならぬ筈である」（同上書・三八五ぺ）として一般的教授形式を否定し、今一つには、教授方法は児童の多用な能力に対応すべきであると述べている。すなわち、教材と児童という二つの多様性に新しい教授方法は対応しなけらばならぬということを説いてきた。その考えに立てば、教順（もしくはそれに代わる教授規範）も又、この二つの多様性に適応しなけばならないということになる。

この課題を解決するために友納友次郎が取った方法は、多様性に対する共通点を見出すことであった。まず、教材に対しては、どのような文章を取り扱う場合にも行うべき重要な仕事を見出すことをもって、共通とすることを試みている。

> 文章の取扱で大切な仕事は形態によつて表はされた内容を読解し、以て文旨を会得するといふこと、、文旨によつて形態や内容を振り返つて、或は吟味し、或は鑑賞するといふことに存してゐる。つまり作者が其の文章を拵へ上げる為に取つた所の自然の道行を発見して、それを逆に適用すると言ふことになるのである。
>
> （同上書・四〇三〜四〇四ぺ）

ここに示されている「作者が其の文章を拵へ上げる為に取つた所の自然の道行」とは、「1．文旨に到達する為に取る径路　2．文旨から拡衍的に進む径路」（同上書・一七一ぺ）であり、文旨を折り返し点とする二つの流れを提示している。つまり、文章の読み方教授では、いかなる場合においてもこの形態から始まって内容・文旨へと読解する仕事と、知りえた文旨をもとに内容・形態を吟味・鑑賞する仕事の二つは共通点としてみなしうるのである。

次に児童の能力差に対しては、佐藤熊治郎教授の論考「人格陶冶と読方教授」（雑誌「学校教育」第六号、大正三年六月刊）を援用してその解決を図っている。佐藤熊治郎教授は、その論考の中で児童が読本教材に対した場合の状態を「恰も曇つた波璃を徹して戸外の光景を眺むるやうなものである」と述べ、読本の内容を硝子越しに見る戸外の光景に、形態を硝子にたとえる考え方を示している。児童によっては一度磨いただけで光景のよく見える者もいるし、二、三度磨いただけではぼんやりとしか見えない者もいると言うのである。友納友次郎はこの考えから磨き具合は児童によって異なるが、「曇を拭つて窓外の景色を透視しよう」とする態度は共通であるととらえ、その態度を読解の場に利用すればよいとの考え方を得た。すなわち、文字、語句という「形態によつてそこに表現せられてゐる内容を了解するといふ態度だけは何れの児童もすべて一致してゐる」（同上書・四一〇ぺ）として、その共通の態度を誘導し、それによって、能力に応じた内容把握をさせようと考えた。

以上見てきた教材と児童に関する共通点を重ね合わせ、次の二つの「教授方法を構成する場合の拠り所」を示している。

㈠其の内容を明確に会得する為に文字や語句に触れて十分に其の意識を確かめ、

㈡かく読解して得た内容によつて再び形態を振り返つて熟読玩味させる。（同上書・四一一ぺ）

右の二つの拠り所は、教材に対する共通点として示された二つの仕事を基礎として、児童の態度に見られる共通点を㈠の中に取り込んだものである。又、教材に対する共通点の中に示された「文旨」は、この㈠㈡においては、「内容」の概念を大きくとらえ、その中に包括したものと考えられる。

友納友次郎自身、右の㈠㈡は「教授方法を構成する場合の拠り所」と位置づけているように、従来の教順とは異なり、詳細に教授の順序を示したものでもないし、教授規範のように確固たるものでもない。二つの大まかな仕事と〈形態〉〈内容〉という大枠が示されているだけである。あとは「それ以上の細かな部分に立ち入ると教材の性質により又児童の状態や其の時の事情によつてそれ〴〵異なった取扱の方法を必要とするので、此処で何、其の次に何々と一々厳密に極めることが出来ない。」（同上書・四一一ぺ）と述べられている。

それはいかにも簡単な結論である。さらに「要は唯教授者が自己の見識によつて其の教材の性質を明確にし、其の場合に最も適応した取扱の方法を構成すると言ふことに帰着する」（同上書・四一一～四一二ぺ）という論述の結びを見るとき、確たる教順や規範を期待する者にとっては、何一つ答えられていないように思えるものである。
しかし、簡単で不親切であるがゆえに、従来の固陋な形式にとらわれず、教師の人格を重視し、国語の本質に根ざした教授の構築をめざす友納友次郎の創意と苦心を見出すことになるのである。友納友次郎は、次項において「教授規範」という考え方を打ち出し、本項で考えた教授方法をより確かなものに高めている。その中に、先に示した二つの「教授方法を構成する場合の拠り所」が取り入れられ、簡単ではあるが順序性を持った教順として位置づけられていくことになる。次にその「教授規範」について考察を加えたい。

第三項　教授規範とその適用

一　批判に対する友納友次郎の見解

友納友次郎は、『実際的研究になれる読方綴方の新主張』において、「教授の方法は教材其の物によつて相違あるべき筈のもので、各教材は各特有の方法を提供するものである」（同上書・一二九ぺ）との考え方を示した。その考え方は、友納友次郎の教授方法を支える基本的な考え方であるが、当時の一般的教授形式に囚われた人々にとって、あいまいで規準にたりえないものとして目に映ったことは想像に難くない。友納友次郎自身そのことを予想し、想定しうる批判・疑問を取り上げ、自らの見解を論述している。想定しうる批判は、(1)　一般的教授法の欠如による取り扱い法の無秩序な拡散、(2)　無秩序な拡散による帰一点の欠如、(3)　実力不十分な教師の教授不成立の三点である。

友納友次郎の右の考え方と、それに対して予想される批判・疑問は、本書にもそのまま受けつがれている。友納友次郎は、これらの批判・疑問に対して、まず(1)(2)について「今日の進歩した考へからすると、世の中に何でも構はず一つの目的を遂げるについて、あらゆるものを律すべき普遍的形式なるものは存在すべき筈がない」(『読方教授法要義』・四一三ペ)と、一般的形式に頼ろうとする考えを否定し、教師が自らの見識によって、各教材に対する区々な取り扱いを行うことに何等差支えはないと述べている。次いで(3)の疑問に対して「よし実力十分でない教師があつて普遍的の形式によらなければ到底教壇の上に立つことが出来ないとするならば、それは全く方法から働かされたもので教師の存在が疑はれるのである」(同上書・四一三ペ)と、安易に普遍的教式に頼り、方法に動かされることを戒めている。教師が主体性を持ち、その本質の力によって教材を働かすことができなければ真の教授たりえないのであり、一般的形式に安易に従うことは、教師の存在価値を失くし、教師本位で児童の立場を考慮していないものだと手厳しく批判している。さらに当時一般に行われていた教材研究に言及し、「一般的・普遍的の教授形式の中に教材を当て嵌める工夫に過ぎない」(同上書・四一四ペ)と論断し、教師の精神のこもらぬ教授を生み出しているとも述べている。

右のような見解に立って、「従来の一般的普遍的の教授形式を打破したい」と考えた友納友次郎は、教材に向かう教師が「教材其の物の性質に従ひ、どこまでも目的に適合せしめようと努むる態度其物に於ては、確かに教授学としての最高原理に合致するものと言はなければならない」(『実際的研究になれる読方綴方の新主張』・一三二ペ)ととらえ、その態度を二つの教授における規範的条件としてまとめ上げている。つまり、教授学における最高原理と合致する態度を見定めることにより自説の正当性を主張するとともに、無秩序で無意味な教授になることを避けようとしているのである。

友納友次郎の言う教授の規範的条件とは、次の二つである。

一、教材其の物の性質に従つて各特殊の取扱法を定めること

二、各人特有の主観的態度を認容(引用者注・友納友次郎は「容認」ではなく、この語を用いている)すること

この二つの条件は、友納友次郎によってそれぞれ「第一規範」「第二規範」と呼ばれ「私が読み方教授に対する唯一の規範」として位置づけられ、「すべての場合に於て此の二つの条件に適つてゐなければならぬ」（同上書・四一六ぺ）と述べられている。以下、それぞれの条件の内容を考察してみたい。（『読方教授法要義』・四一五ぺ）

二　第一規範とその適用

第一規範は、「どんな教材でも又如何なる場合に於ても、屹度具備してゐなければならぬ所の要件」（同上書・四一七ぺ）であり、「あらゆる教材の取扱に対する教授の統一点」（同上書・四一六ぺ）として位置づけている。つまり、それは教授の骨格となる規範であり、全ての教授者がいかなる教材、場においても守らなければならぬ規範ということになる。その意味で友納友次郎は、第一規範を「固定的の性質を有し」（同上書・四一六ぺ）ていると述べており、教授方法において教材そのものを最重視する考え方が明確に示されていると言える。

第一規範は、さらに、次に示す甲乙二つの規範的条件に分けられている。

甲、形態によつて内容を読解し、以て文の趣旨を会得せしめること

乙、会得した文旨によつて更に内容及び形態をふり返つて十分に考察玩味せしめること（同上書・四一六ぺ）

甲乙二つの規範的条件は、文章を取り扱う場合に従うべきだとする「作者が其の文章を拵へ上げる為に取つた所の自然の道行」（同上書・四〇三ぺ）の二つの「径路」（1.　文旨に到達する為に取る径路　2.　文旨から拡衍的に進む径路）に関して示された規範であり、その内容は「文章を取り扱う場合に行うべき重要な仕事」と合致したのである。すなわち、友納友次郎は、先に読本教材の多様性に対応するために見出した文章教授の共通点を持って、教授の第一規範を構成する甲乙二つの規範的条件としたのである。さらに言えば、これも先に「教授方法を構成する場合の

拠り所」（同上書・四一一ぺ）として示した二つの仕事を、教授規範として高めたといえる。

甲乙二つの規範的条件において留意すべきこととして、それぞれ次のようなことを示している。甲は「教材特有の性質に応ずる方法を正しく履み行はしめようと努める」ための規範であり、とくに文旨の会得にあたって、その表し方（顕在か潜在か、簡明か敷衍されているか等の違い）に適応した取り扱い法を工夫することが必要である。乙は「作者がとつた作意を吟味し、尚如何なる形態が如何に運用せられ配置せられてゐるかを考察玩味する所の仕事に対する規範」（同上書・四一七ぺ）であり、言語や文字語句の取り扱いのうち、書き取りや応用練習は主としてこの規範に含まれる。

さらに規範の適用に関して、次のように述べられている。

第一規範の先づ形態によつて内容を読解するまでの仕事は何れの教材でも前章で述べた通り大概同一の態度で差支えないのであるが、それから後の仕事は全く教材の性質によつてそれぐ〳〵態度を異にしなければならぬ。（同上書・四一七ぺ）

右の留意点と適用に関して述べられていることを合わせて考えるとき、〈形態→内容→文旨→内容・形態〉という基本的な教授過程を設定し、形態による内容の読解まではどのような教材にも共通する取り扱いを、文旨の会得以降を各教材の性質に応じた取り扱いを想定していたことがわかる。つまり甲乙の二つの規範的条件は、教授方法上の規範であるとともに、教順をも表しているといえる。当時一般に多く行われていた心的進行に伴う形式的教順や、友納友次郎自身が従来行っていた教師主導の「予定にすぎた」教順を否定し、文章作成の過程にのっとり、児童を活動させることを考えた教順が、ここに作り上げられたといえよう。

友納友次郎は、最後に読み方教授の目的に言及し、第一規範の重要性を確認している。読み方教授の目的は、「事柄について調べるといふ態度を会得させ、読む力即ち事実を知り得る力を与へるのが主要な任務」（同上書・四一八ぺ）であり、甲乙二つの規範はその任務を果す上に不可欠であるところの「教授の正確なる結果を得る為に最も重要な条件である」（同上書・四一八ぺ）と位置付けられている。今日においても「教材で教えるのか、教材を教えるのか」といったことが時として問題にされることを思うとき、当時にあって明確に「読み方の目的は読む力を与えることにある」と示し得ていること、又、態度を読む力（能力）とは別のものとして意識していることを思うとき、友納友次郎の先見性をそこに見出すことができる。

三　第二規範とその適用

「各人特有の主観的態度を認容すること」という第二規範は、「教授上から見ると予件たる性質を有し」（同上書・四一九ぺ）、「各人特有の教授法を産み出す」（同上書・四一九ぺ）ものとして位置付けられている。すなわち、第一規範が教授の骨格となる固定的規範であるならば、肉付けとなる「変化的の性質を有し」（同上書・四一六ぺ）た規範ということになる。

第二規範も、第一規範と同様、次の二つの規範的条件に分けられている。

甲、教師の主観的態度を認容すること

乙、児童の心理的状態を顧慮すること　（同上書・四一九ぺ）

甲乙二つの規範的条件は、ともに授業を構成する要素として、教師と児童を認知する立場に立った条件であり、友納友次郎の先進性を感じさせるものである。その背景には、人格的教育学の影響を色濃く感じさせる。

甲の条件について、友納友次郎は「教師の主観的態度は、教師が自己の性質・素養等を十分自覚し、其の本質の範囲内に於て方法を考慮することであつて、之あるが故に教授なるものが始めて意味ある仕事となるのである」（同上書・四一九ぺ）と述べ、教師の人格が教授方法を規定するとの考え方を示している。それゆえ、教師の人格陶冶が必要であると述べ、他人の方法を模倣することの愚かさを戒めている。この考え方は同じ時代にあって、新たな国語教授の構築をめざした芦田恵之助が、教師の態度をその教師の教育力の全てであると考え、自己研修の重要性を主張したことと合わせ考えるとき、大正初期における教育改革の新たな流れを特徴づけるものとして位置付けられるように思える。

次に、乙の条件について、友納友次郎は「すべての教授は悉く此の条件を予件として始めて適応な方法を構成することが出来る」（同上書・四二〇ぺ）と述べている。教授方法を構築する上で、学習者たる児童を無視することはできないというのである。なぜなら、教材の性質も程度も児童を対象として選択され、配列されているからだと説明されている。具体的には、児童が知識を獲得するために働く心力、発達段階による児童の傾向や趣味が示されている。

児童の心理的状況に着眼したことは卓見であり、今日にも通じる重要な見解といえるが、実践の実例を見ることができないのは惜しまれる。

以上見てきた第一規範、第二規範によって、国語の本質にのっとった新たな教授を構築しようとした友納友次郎は、教育のあるべき姿を次のように述べ、教授規範に関する章のまとめとしている。

　教育は人と人との問題で、真面目な生きた仕事であらなければならぬ。どこまでも事実であつて虚事たるを許さない。生き〳〵とした生活にふれた仕事であらなければならぬ。就中人の思想感情の表現された文章を対象として研究する所の国語其の物に於ては特に然る所以を認めなければならぬ。（同上書・四二一～四二二ぺ）

ここには人格的教育学の考え方の上に立ち、教師の真摯な取り組みを最重要な要件とみなす友納友次郎の姿勢を見ることができる。

第四項　読み方教授上の諸問題

自らの読み方教授論の構築に影響を与えた教授論の概観と、教授方法に対する基本的立場について論述した友納友次郎は、それらを踏まえて、読み方教授実践上の主要問題を考究している。そこで採り上げられている問題は「教材区分法」「読法と書取」「読解力の養成」「教材の地方化」「予習及び復習」の五点である。以下、その順序に従い考察してみたい。

一　教材区分法

ここで考察の対象とする本書第四篇第五章「教材区分法」は、「学校教育」第三号（大正三年三月刊）に掲載された「読み方教授に於ける教材の区分法につきて」の論述をほぼそのまま踏襲している。

友納友次郎は、第五章を「教材区分法の生命」「知的分解的態度と総合的直覚的態度」の二つの節に分かって論述している。そのねらうところは、教材の取り扱い法を、前者は分量的（時間的）見地から、後者は態度的見地から考察しようとするものである。友納友次郎は、まず「教材の性質及び分量といふことは教材を取扱ふ上に教師の最も注意を払はなければならぬ所のものである。」（同上書・四二一〜四二三ぺ）と注意を喚起した上で、教材は「分けないで取扱ふ方が本体でなければならぬ」（同上書・四二三ぺ）と取り扱いの基本的考え方を示している。それは、文章は人の思想感情を表現したものであり、「其の全体でなければ意味をなさない筈である」（同上書・四二三ぺ）

という考え方に立ってのことである。この文章に対する考え方からは、文章を全体としてとらえ、その内容の理解を重視するという大正期の新しい読み方教授観を見ることができる。

友納友次郎は、右のような基本的な考え方に立って、まず分量的見地に立った教材の区分法について論述している。当時一般的であった恣意的な時間配当、それに基づく機械的な分量の決定、分量にかなう教授法の立案という方法を「非常に不経済で而も意味のない仕事を行つてゐることになる」（同上書・四二四ぺ）と批判し、長編を例にあげて、教材を全体的に扱うことの必要性を説いている。

では、友納友次郎の言う「全体的な取り扱い」（筆者注・友納友次郎は、これを「全体法」と称している）とは、どのようなものであろうか。友納友次郎は、従来行われていた教材の区分法を次の五つに分類して、説明を行っている。

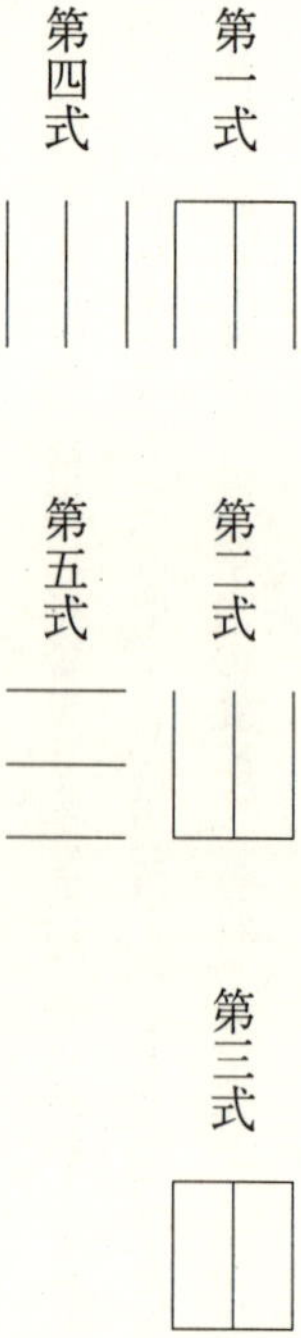

（同上書・四二五ぺ）

第一式から第四式までを「型は違つてゐるが何れも教材其の物を時間によつて区分すると言ふ遣り方」（同上書・四二六ぺ）と説明し、第五式が、教材を区分しないで取り扱ふ方法、つまり「全体的な取り扱い」にあたるとしている。第五式は「全く教材其の物の分量に顧慮せず、之が取扱の方法其の物を区分し、毎時間繰返して取扱ふ間に全体の思想感情を会得せしめ、且文学語句の運用に習熟せしめる」（同上書・四二六ぺ）ねらいがあると説明されている。友納友次郎は、第五式にのっとり、教材を全体的に取扱うことは先に見た文章そのものの性質だけでなく、読書力の養成や時間の経済という観点から見てもふさわしいものであり、実際の教材も、質量ともにそう取り扱うことが便利なものが多いと述べている。

然し、全ての教材を全体法で取り扱わなければならないと考えるのは、従来、全ての教材を区分して取り扱わなければならぬと考えていたことと同様、「先づ一般的普遍的の取扱法なるものを認め、而して後教材を処置すると言ふ考へが根柢をなしてゐるやうに思ふ」（同上書・四二八ぺ）と退けている。そこには、画一的で形式的な方法を否定することによって生み出した、自らの提唱が、同じ轍を踏むことがないようにとの思いを見出すことができる。

さらに、実際に全体法を採る場合に言及し、各時ごとに読み方、書き取りと教授内容を機械的に割り当てるのではなく、教師各人が微妙な工夫を行うべきであり、その具体は口で説明できないものであるとの考えを述べている。修養のできた人が教授すれば、同じ読ませるということをしても、「暗々裡に働く或物」（同上書・四二八ぺ）があるように、教師の力によって教授方法の生死も決まるのだというのである。

教材の取り扱いは全体法を第一とし、その具体的取り扱い方法は、教師各自が、自らの教材に対する鑑識力を高めることによって生まれてくる、というのが友納友次郎の考えである。そこには、文章を全体としてとらえようとする考え方と、教師の人格を重視する人格的教育学の考え方が一体となった姿を見出すことができる。

なお、教材の区分法を分類し、「全体法」としての第五式を最も望ましいとする考え方を大正三年の時点で明確に示していることは、一つの先見的見解といえる。秋田喜三郎も『読方教授の新研究』（大正三年三月刊）において、友納友次郎の「全体法」に相当する「全課法」を取り上げている。しかし、それは「篇の教授」に限ってであり、「全課法」を前面に押し出したのは『創作的読方教授』（大正八年十一月刊）においてであった。

分量的見地から見た教材区分法の論述に続いて、友納友次郎は、態度的見地から見た「知的分解的態度と総合的直覚的態度」の取り扱いについて考究している。友納友次郎は、その読み方教授論を教材の知的分解的取り扱いに対する批判から起こしたことは既に述べたところであるが、文章を「其の全体でなければ意味をなさぬ筈である」（同上書・四二三ぺ）ととらえ、全体取り扱いを主張する立場に立てば、当然その態度的取り扱いもまた分解的・説明的な知的分解的態度を否定し、総合的直覚的立場に立たなければならぬと考えるのは当然のことである。本章第一節「読本教材論」で考察したごとく、とくに文学的教材の取り扱いにおいて、その立場を強く主張している。それは、文学作品は、情趣を重んじ、「単に理解せしめるのみに止らず愉快な性質の作篇に対しては心から喜び、悲しむべき材料に接しては心から泣くというやうな感動を与へ、真に国語の趣味を感得せしめなければならぬ」（同上書・四三〇ぺ）ものであるという基本的な立場に立ってのことである。

友納友次郎は、総合的直覚的の立場に立ってはいるが、知的分解的態度を全面に否定しているのではない。それも又、本章第二節「読本教材論」で考察した通りである。非文学教材を中心として、知的分解的に取り扱わなければならない部分があることも認めたうえで、その部分も又、「全体を構成する一部として取扱はれなければならぬ」（同上書・四三二ぺ）とする考え方なのである。

「水はどこまでも水として取扱はれなければならぬ」（同上書・四三二ぺ）のであって、「酸素と水素とに分けて考へる」（同上書・四三一ぺ）ような「教材特有の性質を無視し、全く特性を滅却して仕舞う」（同上書・四三一ぺ）分解・分析の態度は、避けるべきだというのが、友納友次郎の考え方である。この基本的な立場を踏まえて、各篇特有の性質に応じた教材区分法（分量的にも、態度的にも）をとるべきであり、定まった教材区分法に、機械的に教材を当てはめるようなことはすべきではないというのが友納友次郎の考えである。

芦田恵之助も、『読み方教授』（大正五年四月、育英書院刊）の中で、教材の区分を採り上げ、「全体法」と「分解法」に言及している。「教材の内容によって全体によるを便とする場合と、分節に従ふを利とする場合とがある」（『近代国語教育論大系5』・一〇九ぺから引用）と述べ、「何物にも拘泥してはならぬ」（同上書・一一〇ぺ）と結んでいる。さらに、分節法による場合も、全篇を眼中におき、最後に一課として一まとめにすることが必要であると、友納友次郎と同様の見解を示している。そこには、共に形式的で固陋な教授法に捕らわれまいとする大正期の新しい姿を見出すことができる。

二　読法と書取

友納友次郎は、「読み方教授の仕事の中で最も大切なことは読法と書取の二つである」（『読方教授法要義』・四三三ぺ）と述べ、読法と書取に対する考え方を論述している。

まず、読法については、従来一般にあまり研究されていなかったし、友納友次郎自身も研究を行っていなかったとして、読者の参考になる書物を二冊紹介している。一冊は日下部重太郎[15]著『国文朗読法』（大正三年十月、丁未出版社刊）であり、他の一冊は伊澤修二[16]著『国定小学読本正読法』（明治四十四年、楽石社刊）である。友納友次郎はその紹介の中で、「朗読によつて始めて文章の思想感情が完全に味はれるものである」（同上書・四三四ぺ）とする日下部氏の意見や朗読法に関する理法、標準語の正読法を啓蒙しようとする伊澤氏の著述の内容を採り上げている。

さらに、友納友次郎は、リンデが読法について述べた意見の中から、朗読に関する部分を抜き出し、「読み方教授では教師先づ其の内容を自己の心情生活たらしめ、そを児童に言語の形式を借つて直観的に教授し、然る後朗読の範を示し、以て児童の表彰能力を発揮しなくてはならぬ」（同上書・四三六ぺ）とする考え方を紹介している。しかし、友納友次郎は現実の児童は、意義を考えず機械的に朗読することが多く、それでは何度読ませても役に立たないものであると述べ、「読法は黙読音読の別なく如何なる場合でも読んでゐる其の事が何であるかと言ふことを確かに意識して読むやうに仕向けておかなければならぬ。」（同上書・四三七ぺ）と、内容と遊離せぬ朗読の必要性を説いている。

芦田恵之助は、『読み方教授』（大正五年四月刊）の中で朗読法に言及し、それ以前から教育界で唱えられていた、読み振りを三種類（機械的・理解的・審美的）に分ける考え方を無意味なものと批判している。そのことと合わせ考えるとき、友納友次郎のめざしていたものが、当時提唱されていた、理論のための考え方ではなく、より本質的な意図に即した朗読や読法のあり方であったことが理解できる。

友納友次郎は、「読法」に続いて「書取」について論述を行っている。そこでは「書取」を「文字や語句に習熟せしめ、文章の組織や体裁などを吟味する場合に用ひられる。」（『読方教授法要義』・四三七ぺ）と価値づけ、「読ませる一つの方法」（同上書・四三八ぺ）と位置づけている。それは「書き取らせることによつて一層確かに読解し、深く注意して吟味するやうに仕向けることが出来る」（同上書・四三八ぺ）と考えたからである。

「書取」を「読ませる一方法」と位置づけた友納友次郎の考えの中には、従来の機械的な漢字や熟語の習熟だけでは満足できないものがあったと考えられる。それは従来行われていた断片的な漢字や熟語を機械的に書き取らせるやり方を否定し、「書取の仕事を今少しく組織的に研究して教授のあらゆる場合に適用したい」（同上書・四三八ぺ）と述べていることからも明らかである。

友納友次郎は、『読方教授法要義』第二篇「本論」において、文字・語句・個文・文章の取り扱いについて論述している。そこでは、たとえば仮名教授に関して、「音と文字とを言葉から引き離して両者を確実に結合し、如何なる場合にも自由に適用することの出来るやうに習熟させなければならぬ。それが為には応用練習や書取練習などの必要が起つて来る。」（同上書・九三ぺ）と述べている。又、漢字教授の練習方法の一つとして「書くことの練習」

（同上書・一〇五ぺ）を挙げ、他の方法とともに、「成るべく漢字に親しましめ反復練習の機会を多からしめなければならぬ」（同上書・一〇六ぺ）と述べている。それ以外のところにおいても文字・語句のいわゆる書き取り練習の必要性は繰り返し言及されている。同時に「書取」の用語は、第五章第四節「段落布置結構の取扱」の中で、「文章の布置結構を明らかにするには網目様に書取らせるのが最も平易な方法である。」（同上書・一八五ぺ）の傍線部のように用いられている。そこには「網目様に書取らせる」例として、教材「蜜蜂」（「尋常小学読本」巻十一所収）の段落関係図も添えられている。それは、先に友納友次郎が「書取」の範囲を文字・語句だけに限定せず、もっと広義に「読ませる一方法」と位置づけようとした意図の一つの例のように思われる。

右の友納友次郎のように、「書取」の範囲を、「文字・語句の書くことの練習」とのみとらえず、もっと広義に考えようとする試みは、秋田喜三郎の『読方教授の新研究』（大正三年三月刊）の中にも見出すことができる。秋田喜三郎は、「書取の方法」として、視写法・聴写法・改作法・填充法・訂正法・直観法・彙類法・復習法・総括法（同上書・一〇二〜一〇九ぺ）の九種類を挙げている。そのうち総括法には、友納友次郎の網目様の図と類似した、教材「四季」（「尋常小学読本」巻六所収）の内容を整理した図が例示されている。

秋田喜三郎の提示する「書取の方法」と合わせ考えるとき、友納友次郎の意図する「書取」は、その対象に文章をも含む、広義の「書取」としてとらえることができる。

三　読解力の養成

友納友次郎は、「読解力の養成」という観点から、本書第四篇第七章の論述をすすめている。そこには注目すべき二つの考え方が示されている。第一は、「読解力」という言葉が正面から採り上げられていること、第二は、当時盛んに論議されていた形式主義と内容主義の問題について、一つの先見的な考え方を打ち出していることである。

以下、この二つの考え方について考察してみたい。

まず第一の「読解力」に関して、友納友次郎は、

文章を確実に読解するには、先づ第一に成るべく多くの文字や語句に対する知識を有してゐなければならぬ。それと今一つは文章の上に表はされてゐる作者の思想を、成るべく速かに而も確実に捕捉すると言ふ要素が出来てゐなければならぬ。

（同上書・四三八ぺ）

と述べ、「読解力」を次の二つに分けてとらえる考え方を示している。

1．実質的の方面……文字や語句に対する知識

2．形式的の方面……他人の思想を成るべく速やかに、而も確実に捕捉する力

さらに、「実質的の方面」の取り扱いは、主に部分的、分解的な教授に属し、その仕事は、「文字や語句の読方・意義・書取・応用」（同上書・四四一ぺ）であり、「形式的の方面」の取り扱いは全体的・総合的な教授に属し、「大意要領の把束・文旨・段落・布置・結構などの取扱」（同上書・四四二ぺ）がその仕事であると述べている。

右のように「読解力」を、「実質的の方面」と「形式的の方面」の二つの側面からとらえた友納友次郎は、いずれかに偏重した取り扱いは、正しい文章の読解にはつながらないとして、「両者の調和的発達」（同上書・四四一ぺ）の必要性を、次のように述べている。

児童が文章に対する態度は前にも述べた通りに形態によつて内容を会得し、文章に表はされた思想感情を確実に読解すると言ふことに存してゐる。文章の上に表現された内容を確実に会得するには、そこに表現された

形態を正しく読解しなければならぬ。形態を正しく読解するには形式的方面の働きと実質的方面の働きとが調和して発達してゐなければならぬ。読み方の教授では此の二つの考へが全く合致するでなければ、真の読書の能力を養成することが不可能である。

（同上書・四四一ぺ）

ここには、「読解力」の二つの側面が調和的に発達することの必要性が述べられている。さらに又、「読解力」の行使される範囲を「形態によって内容を会得し、文章に表はされた思想感情を確実に」（同上書・四四一ぺ）とらえるまでと押さえて、より広い概念として用いられた「読書の能力」又は、「読書力」と区別していることがわかる。本書第三篇「教材論」において「文学的教材」に対しては「鑑賞」、「非文学的材料」に対しては「読解」と用語を使い分けていたことと合わせて考えるとき、友納友次郎が、「読解力」を「形態によって表された内容を確実に理解する力」と明確に規定し、使用していたこともわかる。

以上の考察から、友納友次郎の「読解力」を意識的に使用した先見性と理論的な思考のスタイルを見出すことができる。

友納友次郎は、続いて「内容と形態」の問題に言及している。当時問題になっていた、「読み方教授の上で、内容を主とするか又は形態（引用者注・当時一般には「形式」と言われていた）を主とするか」（同上書・四四二ぺ）という疑問を取り上げ、「私は此の両者を区別して考へてゐない。」（同上書・四四二ぺ）と答えている。それは「内容の無い形態の存在すべき理由が無い」（同上書・四四二ぺ）と信じ、「形態を読解したと言ふことは即ち内容を会得したことを意味したものである」（同上書・四四二ぺ）と信じているからであると述べ、「内容形態の不可分離」（同上書・四四三ぺ）を説いている。

次いで、エルンスト＝リンデの意見を参考にして述べられた、佐藤熊治郎教授の論考「人格陶冶と読み方教授」（雑誌「学校教育」第六号、大正三年六月刊）を引用し、「読み方の教授では、内容を会得せしめる為に形態を取扱ひ、形態を取扱ふことによつて内容上の陶冶を受けると言ふことにならなければならぬ」（同上書・四四四ぺ）と説いている。さらに、教材の内容の持つ陶冶価値にも言及し、「教材の内容から受ける陶冶は教材選択の余慶と言つても差支ないのである。」（同上書・四四四ぺ）とも述べている。

「内容」と「形態」に関する、右のような考え方を見るとき、友納友次郎が文章を「内容」と「形態（形式）」の一体化したものとみなしていたことがわかる。それは、芦田恵之助や秋田喜三郎が、「内容」・「形式」の一体観に立って、読み方教授のあり方を求めた姿勢と軌を一にするものであり、大正期の新しい読み方教授の展開を予想させるものである。また、同時に言及されている、「内容を教材選択の余慶」と見る考え方には、「読解力」の養成を「読み方教授」の第一義とする友納友次郎の姿勢を見ることができる。

四　教材の地方化

友納友次郎は、「教材の地方化」（同上書・四四五ぺ）ということが、「郷土主義」の方法論に立脚した主張であるとして、国定読本の教材を用いて郷土についての教授を行う際の問題点を指摘している。それは「郷土の教育的価値を認め、郷土を知らせ、郷土を愛するの念を養成しなければならぬ」（同上書・四四六ぺ）ことと、「読本に採用されてゐる教材其の物を地方化し、郷土化して確実に理解せしめ、容易に納得せしめ、且それ等の知識を実地に応用させて適切に活用せしめる為に十分な力を用ひなければならぬ。」（同上書・四四六ぺ）こととの「二重の要求を負担」（同上書・四四六ぺ）しなければならないことであると述べている。

友納友次郎は、「第一種読本」と「第二種読本」を、教授者が、地方の状況を考えることで選択し、「出来るだけ教材其の物を地方化して取扱ひ、尚読本の材料を取扱ふ間に事情の許す限り郷土を知らせ、郷土を愛するの念を涵養」(同上書・四五六ペ) することで、右の二重の要求を、なんとかこなすべきだとの考え方を示している。今日においても問題点の一つである、教材の郷土化の問題を取り上げていることは、注目に値する。そこには友納友次郎の細かな目配りを見ることができる。

五　予習及び復習

友納友次郎は、予習と復習が、「従来一般に学習以外の仕事と見倣されてゐた」(同上書・四五六ペ) が、それらを「有力な学習の一方面と見倣し」(同上書・四五六ペ) て、教授の中へ取り入れることを主張している。それは、「児童の力で出来ることは児童自身の努力にまかせなければならぬ」(同上書・四五六〜四五七ペ) という考え方と、「読み方の教授は教材の性質上新らしく授けられる部分はほんの僅かで、其の大部分は既知の文字や語句で出来てゐる」(同上書・四五七ペ) という認識に立ってのことである。先の考えからは、「文字や語句などの読方・意義などは無論のこと、句法の吟味や段落の大意なども殆ど予習的に行はせて差支ない仕事である。」(同上書・四五七ペ) という考えが導き出され、後の認識からは、「新らしい教材を取扱つてゐるとは言へ、事実は復習的・応用的の仕事を行つてゐることになる」(同上書・四五七ペ) とのとらえ方が示されることになる。

右のような考え方に立って、友納友次郎は予習及び復習を教授の中に取り入れることを主張している。「予習」は「学習訓練」として「学習の第一歩」に位置づけ、「復習」は「新授」であっても、「今まで学び得た力でそれを読解するのであると言ふ強い自信を以つて学習させ」るための仕事として、学習の中に位置づけようという考え方である。友納友次郎はこうした予習・復習の意義を生かす意味で、「随意練習」(同上書・四五九ペ) という「児童が自分の必要と認めた仕事」(同上書・四五九ペ) を工夫したことや、学期末や学年末の復習の大切さにも言及している。

以上のような、予習・復習に対する友納友次郎の考え方を見るとき、そこには、「学習のための予習や復習」という考え方を見出すことができる。単なる機械的な予習や復習を退ける友納友次郎の考え方には、芦田恵之助が『読み方教授』（大正五年四月刊）で述べた「予習の母は良好なる教授であるといった。復習に対しても余はこの言を反復するにすぎぬ。」（『近代国語教育論大系5』・一一三ぺ）という考え方に通じるものを、見出すことができる。

第五項　ま　と　め

友納友次郎は、本節で取り上げた「読み方教授論」においてもいくつかの新たな考え方を打ち出している。ここで打ち出された新しい考え方は、いずれも友納友次郎の言う「従来行つてゐたやうな教授方法を一変する」（同上書・三九八ぺ）中で生まれてきたものと言える。今、その主なものを示せば、次の四つにまとめられる。

まず、第一は、児童の能力差に気づき、それに対応する教授方法を模索したことである。教材から直接に陶冶を受けさせるという考え方を示したこと、教師の十分な教材研究の必要性を強調したこと、学習訓練の取り入れを試みたことなど、いずれも児童の能力差に関連して主張・試行されたものである。

第二は、教師・児童・教材という三要素が、個々に独立したものとして位置づけられ始めたことである。これは、第一のことから派生したものであるが、明治期の読み方教授から大正期の読み方教授への移行を見る上で重要な変化といえる。

第三は、教授規範を打ち立てたことである。友納友次郎は、「教材其の物の性質に従つて各特殊の取扱法を定めること」、「各人特有の主観的態度に認容すること」の二つの規範的条件によって、読み方教授を規定しようとした。その考え方は教授における教材と教師の働きと位置づけを明確にしたものといえる。

第四は、「読解力」又は「読解」の考え方を明瞭に打ち出したことである。友納友次郎は、「読解（力）」を漠然と、あるいは、広範囲に使える用語としてではなく「形態によって確実に内容を理解する力（こと）」ととらえ、「鑑賞（力）」又は「読書（力）」とは区別している。そのことは、他に先駆けた一つの卓見といえる。

本節においては、以上のような提唱、試行をとらえることにより、友納友次郎が、人格的教育学の考え方を摂取しながら、児童を尊重し、教材を重視する読み方教授の構築をめざして行ったことを理解した。

第五節　まとめ

友納友次郎の読み方教授論は、三つの教授論から、その考え方を摂取することから始まった。なかでも人格的教育学の考え方は、友納友次郎の読み方教授論を支える基盤であった。教師の人格の向上を説き、それの持つ重要性には、様々なところで言及されている。

人格的教育学の考え方の上に立った友納友次郎の読み方教授論の特質の主なものとして、次の三つがあげられる。

その第一は、従来の教授方法を「あまりに予定に過ぎてゐた」として、児童の能力差を加味し、教材から児童が直接陶冶される教授法を打ち出したことである。その中で児童の発動性の大切さや学習訓練の必要性が主張された。

第二は、「教授方法を構成する場合の拠り所」を示したことである。そこには〈形態⇅内容〉という大枠が示されている。それは、又、友納友次郎の読み方教授の教順とも言えるものであった。

第三は、二つの教授規範を示したことである。この二つは、それぞれ「第一規範」「第二規範」とよばれ、友納友次郎自身「私が読み方教授に対する唯一の規範」として位置づけている。それは、文章を拵え上げる場合の「自然の道行」と教師の主観的態度とを尊重したものであり、新たな教授を構築するための大切な条件として位置づけられている。

以上示した三つのほかにも、具体的な読み方教授上の問題をとり上げ、先導的な試行・主張を行っている。「読解力」の定義や「予習及び復習」の位置づけを行ったこと、教材の地方化に目を向けたことなどがそれである。

注（1）アメリカのジョンストン　調査未了。引用の部分は、ジョンストンの「国語教授の価値について」による。

（2）藤代禎輔博士　一八六八（慶応四）年～一九二七（昭和二）年。ドイツ文学者。東京帝国大学独文科を卒業したのち、東京高等師範学校教授、第一高等学校教授を経て、明治三十三年から三十五年までドイツに留学する。帰国後、東京大学講師を経て京都大学教授となる。友納友次郎が本文中に引用した考えは、博士の「人生と文芸」及び、大正二年十一月十六日に広島高等師範学校教育研究会で行われた講演に基づく。

（3）ドイツのヒルデブラント **Hildebrand, Rudolf**　一八二四年～一八九四年。言語学者。国語教授の改革者。トーマスシューレ及びライプチヒ大学に学び、初めトーマスシューレの教師となり、後にライプチヒ大学の教授となる。国語が道徳教育及び国民教育に与える価値を強調して、これを中心教科とすべきことを主張した。また、国語としては文章語より話し言葉を重んじた。その所説はリンデ・Eの人格的教育学に大きな影響を与えた。主著としては、『学校における国語教授およびドイツの教育と教化一般』（一八六五年）がある。

（4）イギリスのラスキン **Ruskin, John**　一八一九年～一九〇〇年。芸術批評家。功利主義を排して、理想主義を高唱する立場に立つ。芸術理論を社会へと拡大し、カーライルと並ぶ代表的警世家となった。主要著書としては『近代画家論』（一八四三年）『建築の七つの灯』（一八九四年）。

（5）西晋一郎博士　一八七三（明治六）年～一九四三（昭和十八）年。大正・昭和前期の倫理学者。東京帝国大学文化大学哲学科を卒業し、明治三十五年広島高等師範学校教授となる。昭和四年には、広島文理科大学教授を併任する。教育観としては、教師の仕事は口頭禅だけではいけないとの立場に立ち、教師が立派な人格を修養して、生徒児童に無言のうちにも善い感化を与えることが必要であるとの考え方を持っていた。主要な著作としては『倫理学の根本問題』（大正十二年）、『実践哲学概論』

（昭和五年）などがある。友納友次郎は、本書第三篇第一章第三節「文学的材料の特質」の論述にあたり、西博士から「価値関係と美的鑑賞の態度」及び「絶対的見方と相対的見方」に関して指導を受けている。

（6）矢走　「やばせ」と読む。琵琶湖岸の地名。滋賀県草津市にある小港。

（7）『文学評論』　一九〇九（明治四十二）年三月、春陽堂から発行された夏目漱石の著作である。その内容は、明治三十八年から四十年にかけて、東京帝国大学で講じた「十八世紀文学」をまとめたものであり、漱石の英文学者としての業績を代表するものといえる。友納友次郎が援用した文学作品に対する態度についての論述は第一編「序言」に見られる。

（8）エルンスト=リンデ Linde, Ernst　一八六四年～一九四三年。ドイツの教育家。ゴータで教師をし、ヘルバルト風の形式主義に反対して、人格の尊重および母国語における本源的感情の権利を強調した。主著に『人格的教育学』（一八九六年）がある。

（9）オイケン教授 Eucken, Rudolf　一八四六年～一九二四年。ドイツの哲学者。バーゼル、イエナ両大学の教授を務める。十九世紀中葉にヨーロッパを支配していた唯物論、自然主義に反対する理想主義を説き、一方では論理主義的認識論を主とする新カント派に対して生哲学的形而上学を樹立して、フィヒテ的実践哲学とヘーゲル的な歴史的発展の思想とを根幹として精神生活の意義を強調した。

（10）大隈重信　一八三八（天保九）年～一九二二（大正十一）年。明治・大正期の政治家、教育家。明治末から大正初めにかけては、政府の忠孝至上的教育の復活を批判して、文明主義的教育を唱道した。引用されている『国民読本』（明治四十三年三月、丁未出版社）は、その思想に基づいて著された書物である。

（11）堀教授　堀維孝　広島高等師範学校教授。

（12）ゲルハルト=ブッテ Budde, Gerhard　一八六五年～一九四四年。ドイツの教育学者。ハノーヴァー大学教育学講師。オイケン哲学の影響の下に、人格教育、個性尊重の立場から、精神論的教育学を説いた。

（13）フォン=ザルヴュルク Sallwurk, Ernst Von　一八三九年～一九二六年。ドイツの教育家。ベルリン大学、チュービンゲン大学に学んだのち、各地の専門学校で教鞭をとり、以後視学系統の職を歴任する。彼の教育学は、ヘルバルトから出て、さらに主意的な傾向に進み、その教育目的を倫理学だけではなく、文化の総体に基礎づけようとした。また、チラーの五段教授法が心理的に構成されているのに対し、論理的な顧慮を加えて三段階の標準形式をたてた。

（14）チラー Ziller, Tuiskon　一八一七年～一八八二年。ドイツの教育学者。ライプチヒ大学助教授。カリキュラムの編成について教科の羅列主義を排して、宗教、歴史、文学からなる情操教科を中心に、他教科をこれに関係させる中心総合法を説き、ヘルバルトの教授段階説を修正して、五段教授法を創設し、単元理論の先駆者となった。

（15）日下部重太郎　一八七八（明治九）年～一九三八（昭和十三）年。伝統的なものを生かすとともに、外国の進んだ考え方をも取り入れ、我が国における近代朗読法の確立に寄与した。主要な著作には、『国文朗読法』（大正三年十月刊）の他に、『朗読法精説』（昭和七年十月、中文館刊）などがある。

（16）伊澤修二　一八五一（嘉永四）年～一九一七（大正六）年。明治教育の開拓者。その活動範囲は、師範教育、体育教育、音楽教育、聾盲教育等多岐にわたる。明治十一年には東京高等師範学校長となる。著作は多いが、『教授法真法』（明治八年）、『学校管理法』（明治十五年三月）などは、十九世紀欧米の主流的教育論である能力心理学に立脚する開発教授論である。

第三章　友納友次郎の読み方教授論の発展
――『読方教授の主張と実際』を中心に――

第一節　読み方教授論の発展

友納友次郎は、大正九年（一九二〇年）五月、『読方教授の主張と実際』（目黒書店刊）を著している。この著書は、その自序に「各地で講演したものを衆議院の速記技手杉山直喜氏に嘱して速記せしめたものである。」と述べられているように、講義をその内容に応じて集成したものである。したがって、その論述は、講演にふさわしく多様の引用、挿話に富んだものとなっている。『読方教授の主張と実際』に示された考え方は、その五年前の大正四年（一九一五年）に著された『読方教授法要義』の主張・試行を全般的に継承したものである。しかし、同時に友納友次郎がその五年の間に獲得したものも、論述の中に多く見出すことができる。その主なものとしては、「人格的教育学」の考え方を摂取して、第二篇「各論」に「教師論」を一章として立てたこと、「文旨論」において、教師と児童の心の触れ合いの中で生まれる「真の文旨」の考え方を示したこと、「方法論」におけるいくつかの具体的提唱、試行を示したことなどが挙げられる。

『読方教授の主張と実際』は、三篇十六章からなり、自序、目次、本文とも六二八頁（うち本文六二二頁）からなる著作であり、その構成は次のようになっている。

第一篇　概　論
第一章　国語教育最近の傾向
第二章　民族性の陶冶と国語教育
第三章　現代文明の紹介と国民意識
第四章　文学趣味の養成と国語教育
第五章　国語の使命と国語の教師
第六章　読書趣味の養成と国民教育
第七章　国語教育の真生命
第二篇　各　論
第一章　文旨論
第二章　教材論
第三章　形態論
第四章　教師論
第五章　方法論
第三篇　余　論
第一章　訛音の矯正と言語障害
第二章　読書及び書字の障害
第三章　仮名遣法と送り仮名法

第四章　句読点法及び分別書き方

右の組み立てのうち、第一篇「概論」は、『読方教授法要義』の第一篇「総論」を原則的に継承したものであるが、第四章、第六章には、「文学趣味の養成」「読書趣味の養成」という用語が見られる。それらの用語は、時代を反映したものと言えよう。

第三篇は「余論」であり、直接そこからは友納友次郎の「読み方教授論」の発展を見ることはできない。

『読方教授の主張と実際』の内容を精査するとき、第二篇「各論」において、最も明確に、『読方教授法要義』で示された提唱・試行の発展を見出すことができる。第二篇「各論」は、右の構成に示したように、文旨論、教材論、形態論、教師論、方法論の五つにわけて論述されているが、「教材論」「形態論」は、ほぼ『読方教授法要義』の提唱・試行を継承した内容である。そこで、本章では、「文旨論」「教師論」「方法論」を取りあげ、その『読方教授法要義』からの発展の様子を考察してみたい。

第二節　文旨論の展開

一

友納友次郎は、『読方教授の主張と実際』第二篇第一章を「文旨論」として、「文の特色と趣味」「文旨の意義」「文旨の性質と其の分類」「顕在せる文旨と潜在せる文旨」「文旨の識別と其の取扱」「文章教授の態度」の六節に分かち、論述を行っている。六節のうち「文旨の意義」「文旨の性質と其の分類」「顕在せる文旨と潜在せる文旨」の三節は、具体的な説明等の増加や詳述化は見られるが、基本的には『読方教授法要義』における考え方を継承している。

『読方教授法要義』から、右の三節によって継承した内容は、「文旨」に対する基本的な考え方である。各節ごとに、その主な内容を列挙すれば、次のようである。

「文旨の意義」においては、作者の「綴らうと思ふ文章の趣旨」(『読方教授の主張と実際』・二〇〇ぺ)を「文旨」とする定義、文章を「内容」と「形態」とに分ける考え方、「構想」の働き、「文旨」によって文章が統一されるとする考えなどである。次に、「文旨の性質と其の分類」においては、「文旨」の性質を、作者にとっても「常にその出発点となり中枢となり到達点となつて働く所のもの」(同上書・二二二ぺ)ととらえる考え方、「文旨」を「顕在的の文旨」と「潜在的の文旨」に分け、さらにそれぞれを三つに細分化する考え方である。また、「顕在せる文旨と潜在せる文旨」においては、先の「文旨の性質と其の分類」で細分化した、各「文旨」について、具体例をあげて、その実際の説明を行っているが、内容的には『読み方教授法要義』の説明と同一である。

以上考察してきたように、本書における「文旨論」は、その基本的考え方において、『読方教授法要義』の考え方を継承したものといえる。以下、その基本的な考え方の上に立って、友納友次郎が発展させたものを、「文の特色と趣味」、「文旨の識別と其の取扱」「文章教授の態度」の順序に従い、考察してみたい。

二

(1)

友納友次郎は、『読方教授の主張と実際』「文旨論」の第一節に「文の特色と趣味」とを位置づけ、「教材は見方に依つて斯様(引用者注・教材「白雀」《「尋常小学読本」巻八所収》の種々の受け止め方を指す)に色々と変る」(同上書・一九〇ぺ)ことを強調している。『読方教授法要義』においても、「教師の児童を薫化する力は教師其の人の品性や学識に比例する」（同上書・四一九ぺ）と、教師の教育力の差に言及はしているが、「文旨」の受け止め方に関する論述においてではない。『読方教授の主張と実際』において、「文旨論」の最初に、教師の「文旨」に対する受け止め方を取り上げたことは、「文旨」の受け止め方の多様性を認め、教師の修養（読み取る力）の必要性を主張するとともに、「文旨」の把握こそ、読み方教授の第一歩であり、生命であることを、改めて強く主張しようとの考え方に立ってのことと思われる。

友納友次郎は、「熊王丸」（「尋常小学読本」巻十一所収）、「白雀」・「造船の話」（「尋常小学読本」巻十二所収）等の教材を通して、「其の文の趣味や面白味も、其の文を理解し玩味することの出来た度合に依つて非常に異なる」（同上書・一九〇ぺ）ことを具体的に説明している。その中で「文の趣味や面白味」が「異なる」原因は、「其の人の頭脳の働き」（同上書・一九〇ぺ）によると述べ、教材を見つめる際に、よりよく吟味することの必要性を説いている。

友納友次郎は、以上のような「文旨」の受け止め方に対する考え方をまとめて、次のように述べている。

すべて文章は斯様に読む人々の頭脳の働き方に依つて其の趣味感興の度合が異なるものでありまして、文の特色が何処にあるか、其の文の趣味が那辺に存するかと云ふことを十分に理解することが出来なかつたら、其の文の妙趣の存する所を味ふことは出来難いのであります。（同上書・一九五ぺ）

以上の考察から、本書における友納友次郎の「文旨論」の発展の一つを、「文旨」の受け止め方を読む人の読みとり方（「頭脳の働き」）によって異なるとした点に見出すことができる。友納友次郎は、読む人の「読み取る力」を主として問題にしているのではあるが、教材の解釈に関することにも言及されており、今日における「主題をどう受けとめるか」という問題にもつながってくる問題提示とみなすこともできる。

（2）

友納友次郎は、「文旨の識別と其の取扱」において、「児童の琴線に触れる或物」（同上書・二四五ぺ）を、「真の文旨」（同上書・二四六ぺ）とする新しい考え方を示している。その考え方は、「何処までも児童自身の想像と判断とによつてそれ〴〵の趣味と感興とを尊重する」（同上書・二四四ぺ）教師の強い態度と、「強い自信と溢るゝばかり感興を以て其の文章を取扱ふ」（同上書・二四五ぺ）教師の教育力の二つを必要条件として成り立っている。この二つの必要条件を含めた、「真の文旨」に関する提唱は、本書において見られる「文旨論」の大きな発展の一つである。

友納友次郎は、「少年鼓手」（「尋常小学読本」巻十一所収）の実践例を取りあげ、その意図するところを具体的に説述している。友納友次郎は、「少年鼓手」の話の内容を次のように示している。

　この文章は先づナポレオンのアルプ《マ》越《マ》の光景を描いて、それから少年鼓手ピエールが真先に太鼓を打つて進んでいく勇ましい有様を描き、次いで、すさまじい雪なだれの有様を描き、その雪なだれの為に少年鼓手が谷底へはき落とされたことや、一隊の将士等が皆少年鼓手の身の上を心配したことなどを書いて、最後に突貫将軍マクドナールを出して、将軍が谷底へ下つて少年鼓手を助けたといふ筋に出来て居ます。

（同上書・二三八ぺ）

友納友次郎は、この「少年鼓手」を取り扱うにあたって、「この文章は少年鼓手が主であるか或は突貫将軍が主であるか」（同上書・二三八ぺ）という問いを中心に据えている。教授の発展は、およそ次のようである。

児童は、最初の数回の通読後、主となるのは「少年鼓手」と答える。友納友次郎は、その答えを認め、又、文章の展開もその答を裏付ける方向で進展していく。「この文章を一節づゝ児童に鑑賞させて」(同上書・二三九ぺ)いく中で「少年鼓手」への同情が最高潮に達し、「さあ、斯うなれば誰か出て来なければならない。もう誰か出て来て助けて呉れなければならない。さう云ふ心の状態にまで児童を導いて」(同上書・二四一ぺ)、「マクドナール将軍」を登場させる。「斯う云ふ工合に仕向けますと、児童の感興は皆此の方に集まつて来て、所謂マクドナール将軍に縋つて少年を助けて貰ひたいといふ考になる。」(同上書・二四一〜二四二ぺ)

以上のような展開の後、最後の一節「将軍の愛情と勇気によつて軍中の花が助かつたので、全軍一同歓喜の声をあげた。アルプの山もふるふばかりに」(同上書・二四三ぺ)という一節を読ませ、最初の問いを繰り返したところ、児童は、「みな声を揃へて、初めのは違つてゐました。やつぱりマクドナール将軍のされた事が主でありますと答へました。」(同上書・二四三ぺ)と説明されている。

この実践例には、教師の輔導によって、児童の文章理解が大きく、しかも無理なく変わった様子が示されている。友納友次郎は、「文旨は其の人の性格や或は読解力の如何によつてそれぐ異なつて来べきものでありまして、特に情趣感興を主とした文章即ち潜在的の文旨を有つた文章に於きましては一層其れが甚だしい」(同上書・二四四ぺ)とする考え方に立って、児童に「感情を押売をする」(同上書・二四四ぺ)ことや、文旨の位置を知らせること、玩味のしかたの強要を戒めている。

「少年鼓手」の実践例は、「何処までも児童自身の想像と判断とによつてそれぐの趣味と感興とを尊重するやうに心懸け」(同上書・二四四ぺ)、「横道に外れたり、間違つた解釈をし」(同上書・二四四〜二四五ぺ)たことを、「巧く指導して、児童に反省を促すやうに仕向けて、誤つた考や間違つた判断を訂正するやうに補導し」た結果、うまく児童の考えを変えることができたと述べられている。

友納友次郎は、こうした児童の情趣、感興を重視し、適切な輔導を行うためには、「教師が先づ其の文の趣旨のぺ）と述べている。そうして作り上げられた「教師の文章観が教壇の上の所謂教授力となつて児童に強い影響を与へることが出来る」（同上書・二四五ぺ）のだと主張している。

教師の「教授力」が充実し、「児童に強い影響を与へる」とき、「児童は教師の深い文章観と強い感興にそゝられて一種の憧憬の情を喚起し其の感興に共鳴する」（同上書・二四五ぺ）ことになる。そのとき、教師と児童の「心と心との間に一種の交渉が行はれて児童の琴線に触れる或物」（同上書・二四五ぺ）がある。友納友次郎は、それが「真の文旨」だと述べている。

なお、『読方教授法要義』にも、「文学的材料の取扱」に関して、教師が児童に「説明しがたい所に無限の存している」（同上書・三〇二ぺ）ことを児童に伝える際に、「説明するものと説明を聴いてゐる者との間に、心の琴線にふれる一種の共鳴を感じ、説明することの出来ない或種の感興を喚起し、彼等をして知らず識らず篇の間に鑑賞の態度に入らしめることが出来る。」（同上書・三〇三ぺ）という説明があるが、「或種の感興」は、まだ「文旨」として位置づけられていない。教師と児童の「心の交渉」が「真の文旨」を生み出すと位置づけられたのは、本書においてである。

以上、考察してきた「文旨」に対する友納友次郎の考え方の中には、「文旨」は教師の「教育力」によって伝えられるものであること、又、児童が自らの情趣感興（受け止め方）を大切にしながら、教師の輔導によって各自に感得するものであることとする二つの新しい考え方が示されていることがわかる。さらに又、右の説明は、「文学的文章」の取り扱いを中心に述べられたものではあるが、『読方教授法要義』において、「文章の生命たり目的たるべきもの」とだけ位置づけられていた「文旨」を、教授者と児童の視点を加味した「文旨」として位置づけ直していることがわかる。そこには、人格的教育学の影響を見出すことができるとともに、先にも述べたように、とくに文学的材料において、「文旨」のとらえ方を一歩進めたものとなっている。

（3）

友納友次郎は、本書第二篇第一章第六節「文章教授の態度」において「読方教授の進むべき道行は当然二つ」（同上書・二四九ぺ）として、「第一歩は即ち文旨に到達するまでに執るところの径路でありまして、第二歩は文旨から拡延的に進むところの径路であります。」（『読方教授の主張と実際』・二四九ぺ）という考え方を示している。すでにこの考え方については、本書第Ⅰ部第二章第四節において、教授の「二つの規範的条件」を、教順として位置づけたものであることを考察した。したがって、その考え自体は新しく発展したものではない。新しい発展と見なすことができる考え方は、その二つの「径路」に、「理解」、「批評」、「鑑賞」の段階を位置づけていることである。

友納友次郎は、『読方教授法要義』において、「文章を取扱ふ場合の重要な仕事」（同上書・四〇三ぺ）として、次のように述べている。

> 文章の取扱で大切な仕事は形態によって表はされた内容を読解し、以って文旨を会得するといふこと、、文旨によつて形態や内容を振り返つて、或は吟味し、或は鑑賞するといふことに存してゐる。つまり作者がその文章を拵へ上げる為に取った所の自然の道行を発見して、それを逆に適用すると言ふことである。
>
> （同上書・四〇三～四〇四ぺ）

ここには、先の「二つの径路」が、読解（その結果の「文旨の会得」を含む）から、「吟味」又は「鑑賞」へという段階が示されている。しかし、「読解→批評→鑑賞」の順序は示されていない。又、「批評」と「鑑賞」については、「文学的材料の取扱」として、「批評的鑑賞態度」（同上書・二九七ぺ）の用語が用いられ、「批評」と「鑑賞」

が文学的材料に対して行われることは述べられている。しかし、これも又、二つの間に順次性があるとは述べられていない。

以上の『読方教授法要義』に示された考え方に対し、『読方教授の主張と実際』においては読み方教授の「道行」の第二歩を二段階に分ける考え方が示されている。すなわち「第二歩」の「文旨が何うあらはされて居るかと振り返つて文字語句を吟味する段階」の最初は「批評的の態度」（『読方教授の主張と実際』・二五〇ぺ）による吟味であり、その後『鑑賞的態度』（同上書・二五〇ぺ）による吟味に移ると述べている。

さらに、右の考え方を「道行」の第一歩と合わせ、文章教授の段階を次のように明確に示している。

> 第一歩は理解、第二歩は批評、第三歩は鑑賞、斯様な順序を履んで文字や語句の取扱も意味を有つて来るし、文章其の物の教授も意味を有して来るのであります。（同上書・二五二ぺ）

『読方教授の主張と実際』において、「文旨」とのかかわり合いをもとに、このような「理解→批評→鑑賞」の三段階が示されたことは一つの進歩であるといえよう。それは、友納友次郎の「読み方教授」における教授の骨格が定まったことを意味している。同時に、その骨格は、読み方教授の目標を内容理解にとどめることに満足せず、鑑賞にまで進め始めた、大正中期以降の国語教育界の動向とも軌を一にしている。大正十年以降に、鑑賞教育が盛んになってきたことを考えれば、友納友次郎のこの「三段階」の考え方は、先導的提唱であったと見なすことができる。

三

友納友次郎は、『読方教授の主張と実際』において、「文旨」に対する考え方を『読方教授法要義』よりも、一歩進めたと言えよう。「文旨」に関する基礎的・基本的な考え方は、『読方教授法要義』に依拠しながらも、その取り扱いを中心とした方面において、新たな提唱、主張を行っている。

新たな提唱の主なものは、「文旨」の受け止め方を読み手の読みとり方によって異なるとし、教育力の充実を主張したこと、教師と児童の心の触れ合いの中から生まれる「真の文旨」を主張したこと、文章教授の骨格を、「理解↓批評↓鑑賞」と定めたことの三つである。いずれの提唱にも、その根底には、教師の「教育力」の向上、学び手としての児童尊重の考え方が据えられている。

こうした新たな提唱、とりわけ、実際的取り扱いの方面の考え方を充実させたことによって友納友次郎の「文旨」に対する考え方は、「論」として、一応その形を整えたと見なすことができる。

第三節　教師論の展開

一

友納友次郎は、『読方教授の主張と実際』第二篇第四章として「教師論」を立てている。前著『読方教授法要義』においては、「教材論」「教授論」等の論述の中に、教師論にかかわる主張、提唱を見出すことができるが、独立したものとしてまとめられていなかった。佐藤熊次郎教授の論考を中心に、人格的教育学の思潮に触れ、教授者の人格を重視するようになった友納友次郎は、次第にその考え方を、自らの読み方教授論の中に反映していった。『読方教授の主張と実際』において、「教師論」を一章として立てたことは、その結実と見なすことができる。

『読方教授の主張と実際』の「教師論」は、「教材研究と其の態度」、「教材と方法」、「教授方法の生命」の三節から成り立っている。第一節「教材研究と其の態度」においては、教材に対する教師の「発展的進取的の態度」の必要性に、第二節「教材と方法」においては、教師が教材の中から教授方法を見出すことの重要性に、さらに第三節「教授方法の生命」においては、教師の人格の重要性に、それぞれ論及している。

以上を前置きとして、以下、各節において、具体的にどのような提唱、主張がなされているかを考察してみたい。

二

(1)

友納友次郎は、「教材研究と其の態度」において、まず、「教材研究」の意義を、「精査攻究することに依つて真の生々とした教授方法を建設して力強い教授を行はうと云ふ希望に外ならない」(同上書・三九六ぺ)と押さえている。それは、「教材研究」において、内容の「精査攻究」にとどまらず、そこから「真の生々とした教授方法」を生み出すことも必要であるとする考え方である。さらに、「真の生々とした教授方法」によって、「力強い教授」を実践することまで視野に入れておかなければならないとする考え方である。

友納友次郎は、右のような「教材研究」観に立って、「教材の内容を精細に調べ得たと云ふことのみを以て教材研究の能事終れりとする」(同上書・三九七ぺ)考え方を批判している。このような考え方に立って、「教材が却つて禍をなし」(同上書・三九七ぺ)と例として、「辻音楽」(「尋常小学読本」巻十二所収)における行き過ぎた原文研究と、その教授への利用を取り上げている。

友納友次郎は、「教材研究」において、「内容を精細に調べ」ることは必要としながらも、「如何なるものを授け如何なるものを授けないと云ふことは教師が教材に対する見識の如何に依つて定まるもので」(同上書・四〇二ぺ)

あるとして、教師が「教材に対する見識」を持つことを主張している。教師に「教材に対する見識」がなければ、「研究其の物が却つて徒らに教授を煩瑣ならしむるのみ」（同上書・四〇三ぺ）であると述べている。

友納友次郎は、「教材を研究すると云ふことは、其の教材を同化して自己の人格の中に編込まうとする為であり」（同上書・四〇三ぺ）、そのことによって、教師は「自由自在に其の腕を振ふことが出来」（同上書・四〇三ぺ）ると主張している。したがって、「教材研究」に対する態度は、無批判にその教材の内容を十分に理解するというようなことだけに腐心するだけではなく、「教材を上から見下して批判的の態度で以て臨んで見ると云ふことが必要」（同上書・四〇四ぺ）だとしている。

右のような考え方の中には、友納友次郎の、教師に主体的で、目的を持った教材研究を求める考え方を見出すことができる。友納友次郎は、そうした「教材を上から見下して批判的の態度を以て臨んで見る」ことの例として、「ヒヨコ」（『尋常小学読本』巻三所収）や「ワラビトリ」（『尋常小学読本』巻三所収）など、大正七年から順次出された「尋常小学読本」所収の教材の内、一般に評判のよい教材を取り上げ、実際にその問題点を指摘し、改作の例をも示している。

友納友次郎は以上のような論述をふまえて、読本教材の研究を行う際に必要な態度を、次のようにまとめている。

其の読本を完全無欠なものとして、それを下から眺めて原據を尋ねたり、出典を調べて見たりするやうな骨董いぢりをしないで、もう少し所謂発展的進取的の気分で読本を眺め、読本よりも上に出てやらうと云ふやうな考へで読本の材料に接すると云ふことが大切ではありますまいか。（同上書・四二六～四二七ぺ）

ここには、授業に生かすことのできる「教材研究」をすることの必要性が述べられている。又、そのために、教師の「発展的進取的の気分」が必要であるとも述べ、積極的に教師の役割を主張している。

以上見てきたように、友納友次郎は、教材研究における教師の積極的な役割、すなわち、「発展的進取的な態度」によって教材を研究することの重要であることを強調した。それは、教師の主体的な教材研究の態度を要求するものであり、教育力の向上を期待する新たな提唱といえよう。

（2）

友納友次郎は、第二節「教材と方法」において、「教師が其の教材の中から其の教材の取扱法と云ふものを発見して、其の教材に適応した方法といふものを工夫する所に教法の生命と云ふものが存して居る」（同上書・四三九〜四四〇ぺ）という考え方を説述している。その考え方に立って、「カラス」（「尋常小学読本」巻一所収）の取り扱い方を説明している。しかし、「教材の中から、其の教材の取り扱い法を見出すべきだ」とする考え方は、『読方教授法要義』で既に打ち出されたものである。

第二節「教材と方法」の中で注目すべき論述は、そのまとめにあたって述べられている次の部分である。

すべて教材や方法などは教師その人の人格を通じて生れ出たものでなければなりませぬ。教授は人格と人格との交渉で霊と霊との接触であります。教材は必ずや一度教師の人格の中に織込まれなければなりませぬ。さうして強い力を帯びて来なければなりませぬ。斯様にして児童は教材に触れて思ひ〳〵の作業をして居るのではありますが実は其の作業を通じて教師の人格に触れて居るのであります。

（『読方教授の主張と実際』・四四〇ぺ）

友納友次郎は、かつて『読方教授法要義』において、佐藤熊治郎教授の「人格と教材と方法」（雑誌「学校教育」

第四号、大正三年四月刊）の中から、次のような部分を引用している。

教授者の内部に於て自己の生成発展の資源とならざる教材、言ひ換へれば教授者の人格的生命の中に編み込まれざる教材は如何に巧妙なる教授術を以てしても、児童の内界に流れ込みて其の有機的生活のうちに同化せらる丶事は出来ない。

（『読方教授法要義』・三九七ぺ）

右の引用に対して、友納友次郎は、「私は此の論文の内容を悉く明瞭に理解することが出来ない」（同上書・三九七ぺ）としながらも、従来の「予定に過ぎてゐた」教授方法を一変するもととなったと述べている。

今、この二つの引用を比べて見るとき、その表さんとする内容は、ほぼ共通している。しかし、『読方教授法要義』の段階では「悉く明瞭に理解することが出来ない」と述べていたことを、『読方教授の主張と実際』では友納友次郎自身がそれを論述しているという大きな違いがある。このことを考えるとき、そこには、友納友次郎が、佐藤熊治郎教授の論考によって接することになった「人格的教育学」の考え方を、本書の時点において咀嚼し、自らのものとしていることが理解できる。同時に本書における友納友次郎の「教育論」が、「人格的教育論」の立場に依拠したものであり、教授者の人格（教育力）を重視する、当時においては新しい提唱になっていたと認められる。

（3）

友納友次郎は、第三節「教授方法の生命」において、「教授方法の根柢は教師の実力であります。教師の実力さへ優つて居れば方法と云ふものはおのづから生まれて来るものであります。」（『読方教授の主張と実際』・四五二ぺ）という考え方を展開している。教授の根底は、教師の実力にあるとする考え方に立ち、実力さえあれば方法は自然に生まれてくるという考え方を示している。

教師の実力とは何か。友納友次郎は、次のように述べている。

　総て教材は同時に教法を提示して居るのであります。だから教材そのもの、中から其の教材を取扱ふ教法を発見し得るだけの眼識を有して居なければなりませぬ。此処が教授方法の生命でありまして、総て方法は人格の中から迸り出て意味を成すものであります。人なる哉、人なる哉。（同上書・四五五ぺ）

右の引用によれば、教師の実力とは、「教材そのもの、中から其の教材を取扱ふ教法を発見し得るだけの眼識」ということになる。教師にその眼識があれば、教授方法は自然に生まれてくるという考え方を示している。そこには、『読方教授法要義』で打ち出した「教材は教法を提示する」という考え方に、教師の教材から教法を見出す「眼識」の必要性を付け加えた考え方を示している。ここにも又、「人格的教育学」の強い影響を見出すことができる。

右のような考え方に立って、友納友次郎は、「教授は一種の気合であり、教師と生徒の共産である」（『読方教授の主張と実際』・四四四ぺ）という考え方を示している。教授には「生徒と教師との呼吸がピッタリと合」（同上書・四四四ぺ）うことが必要であり、それは、児童が「教材に対して共鳴を感じる」（同上書・四五〇ぺ）ということであると友納友次郎は述べている。教師の実力、つまり眼識で、教材を自らの人格にとり入れ、それによって児童を引きつけることが教師の仕事であるという考え方を打ち出しているといえよう。

以上のような考察によって、本書において友納友次郎が教授に生命を与えるものを「教師の実力（眼識）」と見なしていることが理解できる。友納友次郎は、「人は決して自分自身の人格以上の仕事が出来るものではありませぬ。」（同上書・四五五ぺ）と述べ、教師の修養、人格向上への努力を要求している。その考え方には、芦田恵之助が『読み方教授』（大正五年四月、育英書院刊）で打ち出した「自己を読む」の提唱に通じるものを見出すことができる。

三

友納友次郎が、本書において初めて「教師論」を一章として立てたことは、すでに述べた。『読方教授法要義』以来、「人格的教育学」の考え方を次第に摂取し、それらを自らのものとした結果が本書の論述として結実したといえる。それは、教師の人格を第一のものとして重視しながら、同時に学習者である児童を尊重する考え方であった。「教授は教師と生徒との共産である」とする主張は、その考えを端的に表している。本節で考察してきた「教師論」における考え方は、本書の最も大きな特質である。それは又、『読方教授の主張と実際』を書き著した当時（大正九年頃）の友納友次郎の読み方教授論の最大の特質と言えよう。

第四節　方法論の展開

一

友納友次郎が、「方法論」として取り上げている内容は、「教案に関する論争」、「教材区分法と其の論争」、「正読法と朗読法」、「大意把束と其の練習」、「精読法と通読法」、「予習法と復習法」の六項目である。各項目に対する友納友次郎自身の所信を述べるかたちで、論述されているそれぞれに対する基本的な考え方、方法は『読方教授法要義』で示した考え方、方法を継承しながら、そこには当時の国語教育界の動向が、色濃く反映されている。「方法論」として取り上げられた項目自体が、当時の国語教育界において問題とされ、大いに論議されたものであることを見ても、それは理解できる。

ここでは、特に新しい考え方の打ち出された「教材区分法と其の論争」、「大意把束と其の練習」、「精読法と通読法」を取り上げて、考察してみたい。

二

「教材区分法と其の論争」において、注目すべきことは二つある。一つは、教材区分法における「全体法」と「部分法」を対立的に見る見方から、補完的関係と見る見方に変わったことである。第二は、授業の三要素としての教師・児童・教材を明確に分離し、それぞれ独立したものとして見なす考え方が示されていることである。

まず「全体法」と「部分法」に関しては、「一体全体法と部分法とはどれだけ異なつたものであるかと云ふことを考へて見ますと割合にぼんやりして来るのであります。」（『読方教授の主張と実際』・四七五〜四七六ぺ）と述べ、明確に対立するもの、分別できるものとの考え方を否定している。さらに、その取り扱いに当たっては、「全体法の気分によつて取扱はれる部分法と云ふのが本当の教授の形ではありますまいか。」（同上書・四七七ぺ）と述べ、二つの関係が並立しうるものであることを示している。そこには、分類にとらわれず、場に応じた柔軟な取り扱いを大切にする友納友次郎の姿勢を見出すことができる。

次に、授業の三要素に対する友納友次郎の考え方は、区分法に関する次のような表現からうかがい知ることができる。

> 分けて取扱ふか又は纏めて取扱ふかと云ふことは其の場合の目的なり又其の教材の性質に依つて極まつて来るものであります。
>
> （同上書・四七九〜四八〇ぺ）

要するに其の学級の児童の消化し得る分量が最も適当な分量でありまして、其の分量は其の学級の児童の胃の腑の力といふものから打算しなければなりませぬ。

（同上書・四八〇ぺ）

右の二つの引用は、教材の区分法に関するものであるが、区分法を決めるものは、「目的」であり、「教材の性質」であり、「児童の胃の腑の力」であると述べられている。そこには、教師・教材・児童の三者が、対等な要素として教材区分法の決定に関与することが示されている。友納友次郎が、より一層明確にこの三者を鼎立するものとして意識しはじめていたことが理解できる。

「大意把束と其の練習」において、友納友次郎の考え方の進展を見ることができるのは、次の文言によってである。

大意把捉と云ふことが必要なものであると致しましたら、矢張り大意を把捉する為の練習として、適当な材料を提供しなければなりますまい。其の為めには特に大意を捉らせる為に適当な材料を選択して課することも必要でありませう。場合によつては読本以外から材料を求めなければならぬこともありませう。

（同上書・五四三ぺ）

友納友次郎は、ここで初めて、読本以外の材料の必要性に言及している。一つの進歩といえる。

「精読法と通読法」も又、当時の中心的な課題の一つであった。友納友次郎は、この二つの読み方に対して、「此の二つの方法が適当に取用ひられることに由つて読書力の養成が行はれるのであります。」（同上書・五四六ぺ）と述べ、それぞれの特質に応じて使い分けることを主張している。さらに、その使い分けは、「教師の考によつて定まるべきものであつて、教材其の物が精読教材とか通読教材とか云ふやうな工合に別たるべきものではありませぬ。」（同上書・五四八ぺ）とする考え方を示している。

「尋常小学読本」の練習文教材を通読教材というように決めつけてしまう見方を否定し、区分法を決めるのは、「教師の考」（同上書・五四八ぺ）とする考え方を示している。そこには、教師の指導性を重視する考え方を見出すことができる。

三

「方法論」において、友納友次郎は、時代の要請に応じた所信を述べながら、自己の考え方を一歩ずつ進めていることが理解できる。教師・児童・教材の三者それぞれの意義を重視しながら、より適切な教授方法を求めている。取り上げた考え方以外にも、教師の修養、教育力の向上を要求する姿勢や、予習・復習の改めての強調など、その特質として挙げることができる。

第五節　ま　と　め

友納友次郎が、『読方教授法要義』（大正四年五月刊）で示した考え方の上に立って、『読方教授の主張と実際』の論述を行ったことは、すでに述べた通りである。二つの著書の間には、友納友次郎自身教壇を離れるという生活上の大きな変化があった。したがって、日々教室の実践の中で気づきうることを基として、読み方教授論を発展させていくという方向よりも、より思潮的な教師論や時の国語教育で問題になっていることに対する考え方の面に新たな発展を多く見ることは、やむを得ないことである。『読方教授の主張と実際』において、教師論や方法論に新しい考えを多く見出すのも、又そのためである。

友納友次郎は、文旨論において、教師との心の交流の中から生まれる「真の文旨」の考え方を打ち出した。教師論においては前著『読方教授法要義』で、まだ十分に咀嚼し得ていなかった人格的教育学の思想を自らのものとし、教師の「発展的進取気分」による教材研究の大切さ、その人格陶冶の大切さを主張した。方法論においては、教授方法の柔軟な取り扱いを主張した。

以上の『読方教授の主張と実際』に見られる新たな考えは、いずれも教師の人格を重視する人格的教育学の立場に立ったものである。そのことから、『読方教授の主張と実際』は、『読方教授法要義』の基本的な考え方に依拠しながら、教師の人格を重視する考え方へと発展していったものと見なされる。

結　章

第一節　友納友次郎の読み方教授論の特質

友納友次郎の読み方教授の主な特質は、1．教材重視の考え方を主張したこと、2．文旨の位置付けを明確にしたこと、3．教師の人格の考え方を強調したことに見出すことができる。

教材重視の考え方は、「教材は教法を規定する」という言葉に端的に表れている。分解的画一的教授を否定する友納友次郎が、最初に主張したことは、文学的材料の分解的教授からの解法であった。情趣感興に訴える文章は、分解的に教授されるのではなく、もっと児童の心に訴えるものであるべきだとする考え方である。その考え方は、逆に、文学的材料の対極にある非文学的材料の取り扱いのあり方をも明確に定めることにもなり、教材論の充実となったと言えよう。それは、確かな教材の見方、教材の取り扱い方の様々な工夫や主張となって示された。友納友次郎の読み方教授の基底にあるのは、右の教材に対する考え方である。他の読み方教授論の特質も又、この特質の上に立って生れたといえる。

文旨の位置付けを明確にすることも、この教材をどうとらえるのか、どのように教授するかという模索の中から生まれたものと思われる。「顕在せる文旨」と「潜在せる文旨」を立てることによって、教材の取り扱いに対する考え方が一層進むことになる。文章の伝えようとする内容を、どのような性質ととらえ、どんな種類があるのかについては、この友納友次郎の考え方が、当時にあって先導的提唱であったことは、まちがいのないことである。管見を出ないが、友納友次郎ほど、明確に文旨を位置づけ、類別したものは他に見出すことができない。

さらに、文旨が明確にとらえられたからこそ、「構想」の考え方を取り入れ、その二つの「径路」（集中的と拡衍的）を文章の読み取りの教順に位置づけるとともに、教授の「第一規範」として高めることが出来たといえよう。

次に、教師の人格重視の考え方を強調したことは、『読方教授の主張と実際』に「教師論」が一章となって立てられたことでも理解できる。友納友次郎は、それ以前から、人格教育学の考え方を摂取し、教育力を向上させることの必要性を主張していた。たとえば、それは『読方教授法要義』における教授の「第二規範」にも明瞭に示されている。しかし、この「教師論」を立てたことによって明確にその考え方が確立したといえる。教材は教法を規定するが、その教法を教材から見出す眼は、教師が持たなければならないというのが、友納友次郎の変わらぬ信念であった。

以上取り上げた三つの特質以外にも、「読解力」に着目したこと、文章を形式・内容と分けずに事実そのものと見る考え、又、文章を構造体と見なす考えなどにも、その特質を見出すことが出来る。

第二節　大正期における読み方教授論からの摂取

大正期における提唱、思考の中から学ぶべきものは数多くある。今回の研究を通して見出し、気づき得たものの中から主なものをまとめてみたい。

友納友次郎、芦田恵之助、秋田喜三郎の三者が、三者三様の仕方で主張したことは、教師の教育力を高めることの必要性であった。友納友次郎が教材を重視する考え方に立って教師が教材から教法を見出す明を求め、芦田恵之助が児童の発動的態度を育てる教師の発動的態度を要求し、また秋田喜三郎が教師が文章観を持つことの必要性を主張したのも、すべて教師の修養の大切さを思い、教師の教育力が教授の根源であると考えたからにほかならない。教室に向かうまでの教材研究の必要性は言うまでもない。教室における教師の態度（人格）を高めることは、今日においても重要なことである。

教師の人格を高めることの必要性とともに、大正期の読み方教授論において強調されたことは、児童の自発的、発動的態度の重視である。これも又、先の三人が異口同音に主張しているところである。ただ単に自由にさせるだけ、活発にさせるだけではなく、そのために必要な教師の準備、児童の責任にも言及している。単に受動的に活動するだけの授業でなく、個々の生徒が教材（内容）を会得するために発動的な態度で学習に取り組んでいく授業の構築は、現在においてもめざすべき第一のものである。

具体的な教授方法においても、多くの先導的試行がなされている。秋田喜三郎における「作者想定法」の提唱、友納友次郎の非文学的材料の結構をとらえるための「網目様に書取らせる方法」など、独創的で先導的な試行を見い出すことができる。その教授方法を正しく継承し、発展させることも大切であるが、形をまねるだけでなく、その中に込められた読み方教授をよりよいものにしようとした熱意と努力を受け継ぐべきであろう。

大正期の読み方教授は、明治期の形式的画一的教授を否定することから、新しい歩みを始めた。現在においても、知らず知らずのうちに形式的画一的になっている授業は多いと思われる。常に自らの実践をふり返り、形式に陥り、進歩のない授業をすることは戒めなければならない。

参考文献

一、単行本

1 『実際的研究になれる読方綴方の新主張』友納友次郎、大正三年五月二十日、目黒書店刊
2 『読方教授法要義』友納友次郎、大正四年四月十日、目黒書店刊
3 『読方教授の主張と実際』友納友次郎、大正九年五月三十日、目黒書店刊
4 『読方教育原論』友納友次郎、昭和七年五月十五日、明治図書刊
5 『大道を行く読方教育』友納友次郎、昭和十一年二月五日、明治図書刊
6 『綴方教授法の原理及実際』友納友次郎、大正七年三月二十日、目黒書店刊
7 『教師の実習を主としたる綴方教授法講話』友納友次郎、大正七年十一月十五日、同文館刊
8 『綴方教授の思潮と批判』友納友次郎、大正八年七月五日、目黒書店刊
9 『私の綴方教授』友納友次郎、大正十年十一月二十八日、目黒書店刊
10 『国語教育の真生命私の読本教育』友納友次郎、大正十四年五月十五日、明治図書刊
11 『国語読本の体系読本は斯うして出来ている・形態篇』友納友次郎、昭和二年五月二十日、明治図書刊
12 『国語読本の体系読本は斯うして出来ている・内容篇』友納友次郎、昭和二年五月二十日、明治図書刊
13 『将来の綴方教育』友納友次郎、昭和三年五月二十日、明治図書刊
14 『韻文の鑑賞と其取扱』友納友次郎、昭和四年二月二十五日、明治図書刊
15 『教材観の源泉読本の本質的発生的研究』友納友次郎、昭和六年二月十日、同文書院刊
16 『読み方教授』芦田恵之助、大正五年四月二十一日、育英書院刊（光村図書『近代国語教育論体系5』）

17　『第二読み方教授』芦田恵之助、大正十四年九月十五日、蘆田書店刊
18　『国語教育易行道』芦田恵之助、昭和十年五月二十日、同志同行社
19　『読方教授の新研究』山口徳三郎、秋田喜三郎、大正三年三月十八日、以文館刊
20　『創作的読方教授』秋田喜三郎、大正十年九月一日（第六版）（初版大正八年十一月二十日）、明治図書刊
21　『発展的読方の学習』秋田喜三郎、大正十四年六月二十五日、明治図書刊
22　『読み方の自由教育』山路兵一、大正十二年四月十日、明治図書刊（光村図書『近代国語教育論体系7』）
23　『読方学習活動の実際と其の説明』山路兵一、大正十三年十月十五日（第六版）（初版大正十三年六月五日）、東洋図書刊
24　『読方教育の鑑賞』宮川菊芳、大正十三年十月二十五日、厚生閣書店刊
25　『現代読方教育の実相と批判』宮川菊芳、大正十五年六月十二日、厚生閣書店刊
26　『読方科教育問答』宮川菊芳、昭和八年三月五日（六版）（初版昭和五年十二月）、厚生閣書店刊
27　『生命の読方教育』佐藤徳市、大正十五年三月二十日、厚生閣書店刊
28　『分団式各科動的教育法』及川平治、大正五年十月二十五日（十二版）、弘学館刊
29　『学習各論下巻』木下竹次、昭和四年七月十日（再版）、目黒書店刊
30　『国語の力』垣内松三、大正十一年五月八日、不老閣刊（光村図書『近代国語教育論体系9』）
31　『読方教育の本領』原田直茂、昭和五年六月二十日（再版）、目黒書店刊
32　『国語教育学』丸山林平、昭和九年三月（三版）、厚生閣書店刊
33　「『冬景色』論争」西郷竹彦・古田拡、昭和五十六年十月九日（第九版）、明治図書刊
34　『文章研究序説』時枝誠記、昭和三十五年九月一日、山田書院刊
35　『第二信号系理論と国語教育』波多野完治、昭和三十八年二月（三版）、明治図書刊
36　『国語教育方法論大系10　国語教育の実践史』飛田多喜雄、昭和五十九年九月、明治図書刊

37 『国語教育4　読みの学習指導』全日本国語教育協議会編、昭和三十年七月、明治図書刊
38 『読解指導論――琴線にふれる国語教育――』野地潤家、昭和五十五年十一月十日（四刷）、共文社刊
39 『国語教育通史』野地潤家、昭和六十年六月十日（二刷）、共文社刊
40 『芦田恵之助研究1．読み方教式編』野地潤家、昭和五十八年十月、明治図書刊
41 『芦田恵之助研究2．読み方指導編』野地潤家、昭和五十八年十月、明治図書刊
42 『説明文教材の授業改革論』小田迪夫、昭和六十一年四月、明治図書刊
43 『国語教育史資料　第一巻　理論・思潮・実践史』野地潤家編、昭和五十六年四月一日、東京法令出版刊
44 『国語教育史資料　第二巻　教科書史』井上敏夫編、昭和五十六年四月一日、東京法令出版刊
45 『国語教育史資料　第三巻　運動・論争史』滑川道夫編、昭和五十六年四月一日、東京法令出版刊
46 『国語教育史資料　第四巻　評価史』倉沢栄吉編、昭和五十六年四月一日、東京法令出版刊
47 『国語教育史資料　第五巻　教育課程史』増淵恒吉編、昭和五十六年四月一日、東京法令出版刊
48 『国語教育史資料　第六巻　年表』野地潤家編、昭和五十六年四月一日、東京法令出版刊
49 『国語教育方法論史』飛田多喜雄、昭和四十年三月、明治図書刊
50 『近代国語教育史』高森邦明、昭和五十四年十月、鳩の森書房刊
51 『教科教育百年史』奥田真丈監修、昭和六十年九月一日、建帛社刊
52 『日本作文綴方教育史1．明治篇』滑川道夫、昭和五十二年八月十日、国土社刊
53 『日本作文綴方教育史2．大正篇』滑川道夫、昭和五十三年十一月二十日、国土社刊
54 『日本作文綴方教育史3．昭和篇Ⅰ』滑川道夫、昭和五十八年二月二十日、国土社刊
55 『生活綴方成立史研究』中内敏夫、昭和五十二年七月（再版）、明治図書刊
56 『作文・綴り方教育史資料　上』野地潤家編、昭和五十七年三月二十五日（重版）、桜楓社刊
57 『作文・綴り方教育史資料　下』野地潤家編、昭和五十六年五月二十五日（重版）、桜楓社刊

58『小学校読本便覧　第六巻』古田東朔編、昭和五十八年三月二十五日、武蔵野書院刊
59『小学校読本便覧　第七巻』古田東朔編、昭和五十九年十月三十日、武蔵野書院刊
60『国語科教育学研究』全国大学国語教育学会編、昭和五十年三月三十日、学芸図書刊
61『日本教育小史』海後宗臣、昭和五十三年八月十日（昭和十五年六月）、講談社学術文庫
62『文学評論』夏目漱石、昭和五十二年三月、講談社学術文庫

二、雑誌論文

1「国語教授の欠陥」友納友次郎（「学校教育」第一号、大正三年一月一日、広島高等師範学校教育研究会編）
2「読み方教授に於ける教材の区分法に尽きて」友納友次郎（「学校教育」第三号、大正三年三月一日、広島高等師範学校教育研究会編）
3「馬淵冷佑氏の読み方と綴り方の教授を読む」友納友次郎（「学校教育」第九号、大正三年九月一日、広島高等師範学校教育研究会編）
4「大正三年に於ける国語教授の傾向」友納友次郎（「学校教育」第十三号、大正四年一月一日、広島高等師範学校教育研究会編）
5「国語教授の本質如何」友納友次郎（「学校教育」第二十四号、大正四年十一月一日、広島高等師範学校教育研究会編）
6「総合的取扱の価値」友納友次郎（「学校教育」第二十七号、大正五年二月一日、広島高等師範学校教育研究会編）
7「国民精神の陶冶と国語教育」友納友次郎（「学校教育」第三十六号、大正五年十一月一日、広島高等師範学校教育研究会編）
8「教授方法の生命」友納友次郎（「学校教育」第四十七号、大正六年九月一日、広島高等師範学校教育研究会編）
9「人格陶冶と読み方教授」佐藤熊治郎（「学校教育」第六号、大正三年六月一日、広島高等師範学校教育研究会編）

10 「大正初期の非文学教材の読みの理論——友納友次郎のものを中心に——」小田迪夫（「学大国文」第十九号、昭和五十一年二月一日、大阪学芸大学国語教育研究会編）
11 「大正説明文指導の三方向」小田迪夫（「国語教育学研究誌」創刊号、昭和五十一年、大阪教育大学国語教育研究室編）
12 「国語教育史における芦田の位置——実践理性の次第連続——」西原慶一（「教育科学国語教育」第三十一号、昭和三十六年七月十日、明治図書刊）
13 「『自己を読む』の立言をめぐって」石井庄司（「教育科学国語教育」第三十一号、昭和三十六年七月十日、明治図書刊）
14 「『冬景色』の授業に関する考察」古田拡（「教育科学国語教育」第三十一号、昭和三十六年七月十日、明治図書刊）
15 「教育遺産摂取の問題として」国分一太郎（「教育科学国語教育」第三十一号、昭和三十六年七月十日、明治図書刊）
16 「大正デモクラシーと芦田の教育思想——その進歩性と限界——」鴻巣良雄（「教育科学国語教育」第三十一号、昭和三十六年七月十日、明治図書刊）

Ⅱ　友納友次郎の読み方教授論の考察　補遺

1　友納友次郎の読み方教授論の考察

――文旨論を中心に――

1

大正期において、明治期以来の形式的で分解的な教授法を打ち破り、新たな読み方教授法の確立をめざした友納友次郎は、独自の文章観に立ち、教材の性質を重視する読み方教授論を展開していった。友納友次郎の文章観とは、文章を書き手の想の書き表されたものととらえ、一つの文旨を中心とする固有の思想関係によって組み立てられた組織体であるとする考え方である。大正三年五月に刊行された『実際的研究になれる読方綴方の新主張』（目黒書店刊）には、友納の文章観とそれに基づく読みの取り扱い法が次のように示されている。

　文章には各固有の思想関係といふものがある。此思想関係の異なることによつて文章は各特有の性質と形態とを有するに至るものである。文章が此の如く各固有の思想関係を有し、而も必ず一つの文旨に統一せられ組織せらるゝものとするならば、吾人は此自然の径路を辿り、此思想の関係を考察して、ここに始めて各篇特有の取扱法なるものを構成することが出来るであらう。（同上書・八八ぺ）

右の文章に続けて、友納は文言中に用いられている「文旨」を「文章の出発点となり且中枢となるべきもの」（同上書・八八ぺ）と位置づけている。こうした文旨中心の文章観とそれに基づく読み方教授法は、一貫して友納友次郎の読み方教授論の中で主張され続ける。友納は大正四年四月に著した『読方教授法要義』（目黒書店刊）においては、右のような考え方を、左に示すような読み方の教授規範一の甲乙として明確に位置付けている。

一、教材其の物の性質に従つて各特殊の取扱法を定めること
甲、形態によつて内容を読解し、以て文の趣旨を会得せしめること[1]
乙、会得した文旨によつて更に内容及び形態をふり返つて十分に考察玩味せしめること
二、各人特有の主観的態度を認容すること
甲、教師の主観的態度を認容すること
乙、児童の心理的状態を顧慮すること

（同上書・四一五～四一九ぺ）

友納友次郎は、一、二の教授規範を「私が読み方教授に対する唯一の規範」（同上書・四一六ぺ）と位置付け、一の甲乙二つの「規範的条件」を「あらゆる教材の取扱に対する教授の統一点たらしめたい」（同上書・四一六ぺ）と述べている。友納自身が「私が読み方教授に対する唯一の規範」と言い「あらゆる教材の取扱に対する教授の統一点たらしめたい」と言う教授規範及び規範的条件の中に取り入れられ、中心的な役目を果たす「文旨」は、友納友次郎の読み方教授論を考える上で不可欠なものである。本稿においては、大正期から昭和初期にかけての友納友次郎の読み方教授論を、その文旨論の生成発展を中心に考察してみたい。

2

友納友次郎が最初の論考「国語教授の欠陥」（雑誌「学校教育」[2]第一号、大正三年一月刊）において明治期以来の読

み方教授の弊害として取り上げたことは、その実践が「著しく知的の方面に偏してゐる」（同上書・二三ぺ）ことであった。なかでも文学的教材に対する取り扱い法に対しては強い反発を示し、「就中文学的作篇に於ては分解的説明的の態度をとつて一々詳細な分解や解剖に遇つてはたまったものではない」（同上書・二三ペ）と述べている。友納の読み方教授論を考えるとき、それが実践的体験に基づいて文学的教材の取り扱いを改善しようとすることから始まったことは注意しなければならない。なぜなら、それは友納友次郎の読み方教授論構築の過程や思考の傾向、論の視野を考える上で大きな手掛かりとなるからである。

当時、文学的要素の増加した国定二期「尋常小学読本」が用いられ、文学重視の傾向が強まっていた。そうした情勢の中で、友納が知的分解的教授法に疑問を抱き、教材の性質に応じた取り扱い法を模索していったことを考えれば、生み出される教授法が文章の情的な面を重視し、教材の総合的なとらえ方を重視するものになることは予想できることである。

では、友納の考えた教材の性質とはどのようなものであろうか。当時、読み方教材は「尋常小学読本編集趣意書」（明治四十三年）の記述に従って、その内容から大きく人文的材料と実科的材料に二分され、さらに修身・歴史・地理・理科・実業・法制経済・文学等に細分されることが一般的であった。しかし、友納は、そうした何が書かれてあるかという内容の違いではなく、文章にこめられた書き手の意図の違いに着目をした。それによって生じる違いが文章の性質であると考えたのである。こうした考え方は理論から学びとったことではなく、一つ一つの教材の取り扱い法を試行錯誤していく実践的体験の中から帰納的に学びとったものであろう。「先づ知識に訴へて何等かの知見を得させやうとする」（『読方教授法要義』・二二八ぺ）意図を有した教材は当時一般に行われていた知的な取り扱い法に合うが、「事実に籠つてゐる情意を伝へるといふことが主となつてゐる」（同上書・二二八ペ）教材は知的な取り扱い法には合わないという結論もまた、そうした実践的体験の中から生まれたものである。

右に示した二種類の教材のうち、後者の「事実に籠つてゐる情趣を伝へるといふことが主となつてゐる」教材が友納の言う「文学的材料」である。友納友次郎は、主としてこうした文学的教材の性質に適応した教授法を見出すために、自らの文章観を整える必要に迫られ、綴るという文章（教材）成立の原点に立ち戻ったのである。友納友次郎は、書き手の意図を重視する文章観と、それに基づく文章の取り扱い法の違いについて、「国語教育の欠陥」の中で次のように述べている。

人の思想といふものは人の心持全体から起るものである。文章は思想の表はれである。従つて文章といふものは人の心の心持全体からするでなければわからぬものである。ところが人の思想は特に感情の方面に強くあらはる場合もあれば知識の方向に著しく表彰せらるゝ場合もあらう。且つ同じ感情の方面でも細かく調べたら雑多な方向に分れ所謂独有の想と独有の形態を用ゐるといふことになるのである。此独有の想なり形態なりを有することによつて、こゝに独有の取扱法なるものが構成せらるるといふことは当然の事柄であると思ふ。

（「学校教育」第一号・二二一～二二三ぺ）

右の引用文には「文旨」という用語は用いられていないが、「人の思想」という表現の中にその概念は既に表れている。さらにまた、右の引用からは「文旨」が文章の性質の違いを生み出し、それによって教材の取り扱い法の違いが生じるという、友納友次郎の読み方教授論の根幹となる主張を読み取ることができる。こうしたことから、大正三年一月の時点において、友納友次郎の「文旨」を中核に捉えた読み方教授論の原形は、実践をふまえた形で既に出来上がっていたと見ることができるのである。

では、「文旨」という用語はどこから来たのであろうか。「国語教育の欠陥」と題する論考は、「甲　読み方の教授」「乙　綴り方の教授」の二部に分かれて論述されているが、「乙　綴り方の教授」の中に、次のような記述がある。

文を綴るといふことの意義は既有の想念を或要件に合するやうに整理して之を文字語句によつて発表するといふことである。此或要件といふものは即ち文章の文旨（作意）であつて之を整理する働きは即ち布置結構の仕事である。而して此文旨の如何によつて綴らるゝ文の性質も定まるし既有の想念も適当に取捨選択せらるるのである。

（「学校教育」第一号・二四ぺ、傍線は引用者による）

「文旨」という用語が友納の論考の中で用いられたのは、この引用の部分が最初であると思われる。同じ論考中の読み方教授に関する論述の中にも「文旨」につながる考え方は述べられているが、その用語は用いられていない。一方、綴り方教授に関する論述の中には右の引用部のように「（作意）」という説明を付けて「文旨」という用語が用いられている。この事実は「文旨」の出自について一つの示唆を与えてくれる。先に、友納は文学的教材の性質に適応するために「綴るという文章（教材）成立の原点に立ち戻った」と書いたが、右の事実は、友納友次郎が、自らの中で先行する綴り方に対する考え方を、読み方教授論を確立するために取り入れた一つの証左と言えよう。つまり、友納友次郎の読み方教授論における「文旨」という用語は、彼自身の綴り方教授に対する考え方の中から生まれたと考えられるのである。

友納友次郎が読み方教授論の構築にあたって、自らの綴り方教授に対する考え方を基盤としていたことは、友納自身が読み方教授と綴り方教授の関係について「分科としての読み方は綴り方に対して補助的の修練を行ふものである」（『実際的研究になれる読方綴方の新主張』・二一六ぺ）と述べていることからもうかがうことができる。すなわち、こうした考え方に立てば、読み方教授のあり方を考える際に国語教授の中心と見なしていた綴り方教授のあり方を視野に入れることは当然のことであると思われるからである。

こうした綴り方を基盤とする考え方に立って、友納友次郎は文章を綴る過程に読み取りの過程を重ねることの便利さを次のように述べている。

文章を構成する順序を考へると大体左の如き手段を踏んで行はれてゐるやうである。

一　文旨を定むること、

二　結構を立つること、

三　拡充すること、

而して多くの場合に於て、作者は自然に筆を運び、別に厳密に順序をふみ意識的に方法を工夫するものではあるまいが、他人の手になつた文章を読む場合には、かくの如き順序に従つて考究するのが最も便利であらうと思ふ。

（『実際的研究になれる読方綴方の新主張』・八六〜八七ぺ）

友納友次郎は、右のように文章を読み取る手順は文章を綴る順序に従うのがよいとの考えを明確に示した後、「教授の方法を規定し構成する要件をあげて説明を試みる」（同上書・八七ぺ）として、文章の思想関係に言及している。その中で友納は、「文の内容となるべき事物思想を、其性質・目的等に従つて統一したる一の組織に整理する所の働き」（同上書・八七ぺ）を示す「構想」という用語を用いて、右の引用で示された「文章を構成する順序」を説明し直し、「文旨」を中核に据えた二つの「径路」としてまとめ直している。

友納は、まず「構想」の二つの仕事について、「文旨」とからめて次のように述べている。

> 構想は常に二つの反対した仕事を営み、一は集中的に働き、他は拡衍的に働く。其集中的に働く所の働きは、各種の材料を内部に向つて考えつめて遂に一つの感想又は命題に到達する。此感想又は命題を名づけて「文旨」と云ふのである。拡衍的に働く者《ママ》は即ち「結構」であつて、此文旨を中心として各方面に及び、主要なる諸思想を適当に配置するの働きをなすのである。
>
> （同上書・八七～八八ぺ）

次に、右の引用の内容を受けて、文章を綴る際に作者の取るべき態度を、「1．文旨に到達するために取る径路、2．文旨より拡衍的に進む径路」（同上書・八九ぺ）の二つにまとめている。友納友次郎は、こうした「構想」の考え方を取り入れることによって、文章を一つの組織体と見なし、その組織化の手順をたどることが、文章の真意を理解する道だとする読み方教授の手順を確立していったのである。

友納友次郎は、以上見てきたような文旨を中心とする文章観や文章作成の手順をふまえ、読み方教授において文章取り扱いの実際を、国定二期の「尋常小学読本」巻九の「菅原道真」を例として次のように示している。

> 此文章を取扱ふものの態度としては、先づ文章を十分熟読して思想の中枢たり出発点たるべき文旨を発見し、更に此文旨を中心として各方面の思想に拡衍し、以て形態の奥に潜める公の面目を躍如たらしむることに努めなければならぬ。
>
> （同上書・九二ぺ）

ここに示された文章の読み取り方は、1に引用した読み方の教授規範一の甲乙として整理され、友納友次郎の読み方教授論を支える骨格となっていった。

3

文章を一つの組織体とみなし、その中心に文旨を位置づけた友納友次郎は、読み方教授のあり方について「文章の教授では先づ其の文の精神即ち文旨を確実に捉へると言《ママ》ふことが、読解すると言《ママ》ふ仕事の上から見て第一の要件でなければならぬ」(『読方教授法要義』・一八一ぺ)と述べ、文旨の把握を読み方教授の第一の必要条件であると位置づけている。このことは、「一篇毎に文旨を異にし、それ〴〵形態内容を異にしてゐる」(同上書・四〇二ぺ)すべての読本教材の取り扱いにおいてあてはまることとされ、友納友次郎の読み方教授論において終始変わらぬ考え方であった。

ここで注意すべきことは、先に示した教授規範の一で「教材其の物の性質に従つて各特殊の取扱法を定めること」と述べられていることと、すべての教材において文旨をとらえることが第一義であるとする考え方が一見矛盾しているように思えることである。その点に関して友納友次郎は、教授規範一の甲の説明の中で次のように述べている。

> 甲の条件は文旨に到達する為にとる所の方法に対する規範であつて、教材特有の性質に応ずる方法を正しく履み行はしめようと努める。(同上書・四一六ぺ)

すなわち、文旨を会得させることは、各教材の性質に適応した方法を行うために必要なことであり、二つの考え方は矛盾しないものであることを示している。さらに、第一規範の適用に関しても、「第一規範の先づ形態によつて内容を読解するまでの仕事は何れの教材でも前章で述べた通り大概同一の態度で差支えないのであるが、それから後の仕事は全く教材の性質によつてそれ〴〵態度を異にしなければならぬ。」(同上書・四一七ぺ)と述べ、教材の性質に適応した取り扱い法が行われるのは、文旨の会得以後であることが明確に示されている。こうした文章をたどるとき、文旨を会得することは、指導のねらいや読み取りの過程として不可欠のことではあるが、その方法は教材の性質、すなわち文旨の違いによって異なり、それが教授の違いを生むのだとする友納の考え方が明白になってくる。

友納友次郎は、教法の違いを生む文旨を、「文旨は其の文章の性質に従つて或は形態の上にあらはる、こともあれば、又形態の奥に潜在することもある。」（同上書・一八一ぺ）として、文章の形態上に表れている「顕在的文旨」と、形態の奥に隠れて潜在している「潜在的文旨」に二分する考え方を示している。さらに、それぞれを文旨のあり方によって数種類に類別している。『読方教授法要義』の説明に従って整理すれば、次のようになる。（教材は国定二期「尋常小学読本」所収の代表例のみ示す）

第一類　「顕在的文旨」

1　「作者自身が文旨の部分を簡明に書き表はせるもの」……「菅原道真」（巻九）、「働くことは人の本分」（巻八）

2　「文旨が稍〻敷衍されて一節一段となり、文章の何れかに書きあらはされたもの」……「胃と身体」（巻八）、「分業」（巻十一）

3　「内容を知らせるより外に更に他意なきもの」……「うしとうま」（巻三）、「やき物とぬり物」（巻七）

第二類　「潜在的文旨」

1　「文旨が形態とからみ合つて表はされ、読了後初めてそれと会得することが出来るもの」……「かまぬすびと」（巻五）

2　「形態が比喩となつて文旨を暗示するだけで、文旨それ自体は全く形態の奥に潜在せるもの」……「うとからす」（巻三）、「かうもり」（巻五）

3　「文旨が全く形態の奥に隠れて読了後の感想又は情趣となつて残留するもの」……「水兵の母」（巻九）、「冬景色」（巻十）

友納友次郎は、こうした文旨の類別に応じて、文旨のとらえ方や文章の読み取らせ方を工夫することが必要であると主張している。例えば、「顕在的文旨」の1に属する「働くことは人の本分」の場合は、「文旨其の物が文名となつてゐるので読者は此の作者が明示してゐる文の趣旨によつて一々其の内容を読解して行けばそれで宜敷いのである。」（同上書・一七九ぺ）と述べられている。また、「潜在的文旨」の2に当たる教材に対しては、「先づ其の表面に比喩となつて言ひ表はされてゐる内容を会得し、次いで其の裏面に含まれてゐる文の趣旨を正確に補捉せしめなければならぬ。」（同上書・一七八ぺ）と説明されている。それらはいずれも詳細な説明ではないが、文章の形態と文旨との関係に着目し、文旨の表われ方によって教材の取り扱い法を工夫しようとする先導的な試行となっている。

友納友次郎が、文旨の類別とそれに基づく教材の取り扱い法を工夫するにあたって、形態に着目したのは当然のことといえる。それは、読み方教授が眼前にある文章、すなわち形態としての文章を手掛かりとして展開されることを考えれば疑問の余地のないことである。友納自身、「文旨の性質を明らかにするには、先づ之れと最も深き関係を有せる題目と形態とについて考究しなければなるまい。」（『実際的研究になれる読方綴方の新主張』・八八ぺ）と述べ、「作者は先づ文旨を定め、其の作意に従つて適応な形態を工夫し、読者は其の表はされてゐる形態によつて作意のある所を会得し、確かに其の文旨を捕捉しようと努力するのである。」（『読方教授法要義』・一七四～一七五ぺ）と述べていることからも明らかである。友納の形態への着目が先導的試行と見なされるのは、それ以前の形式主義の実践のように単に形態にのみ限られた取り扱いをするのではなく、形態（形式）と内容・文旨とのかかわりを重視し、文章を一つの組織体として扱おうとしたからである。

友納友次郎は、『読方教授法要義』において、「文旨」の問題に続けて「形態」の問題を取り上げている。そこで取り上げられた問題は「段落布置結構の取扱」と「句法の変化と語句の配置」との二つであるが、いずれも文の生命である文旨を明瞭に表現し、また確実に理解するために不可欠なものと位置づけている。そのうち前者の「段落布置結構の取扱」の論述において、「段落」「布置」「結構」のいずれもが、文章の思想・文旨と深くかかわる形で説明されている。まず、「結構」は、文章を構成する主要思想によって作られた「文章の骨組」（同上書・一八三ぺ）であり、「文旨」を定めたのち「重要な諸思想を整理して之を適当に配置する」作業を「結構を立てる」（同上書・一八三ぺ）と言うと述べられている。次に「段落」は、文章の中心にある大きな「思想の切目」（同上書・一八四ぺ）のことであり、「布置」は「思想の排列、段落の配置」（同上書・一八五ぺ）のことであると定義づけられている。さらに「布置」は、文章が「各段でそれぐ\纒まつた一つの思想を表彰し、更に個々の段落は互いに連関して文旨に統一せられてゐる」（同上書・一八五ぺ）様子を表す用語であるとも説明されている。こうした説明をふまえて、友納友次郎は「布置結構の取扱は即ち段落の取扱である。」（同上書・一八五ぺ）と、三つの用語を関連づけている。以上のような友納の形態の取り扱いに対する考え方を見るとき、段落を中心として文章上に表れる形態が、深く文旨や思想にかかわるものとして位置づけられていることが理解できる。

次に、教材を「文学的材料」と「非文学的材料」に二分する考え方と、文旨の表れ方の関係について簡単に言及してみたい。本来「文学的材料」の取り扱い方を改善するために「文旨」という考え方を生み出してきたのであり、教材区分と「文旨」との間に強い関連があることは自明のことである。友納自身、『読方教授法要義』の中でその点に触れ、次のように述べている。

殊に情趣感興を主とした美文的の材料や文学的の材料は多くの場合に於て文旨が文章の全体に散透して形態

の上にはつきりと言ひ表はされてゐない。（同上書・一七六ぺ）

非文学的の材料即ち知的説明的の材料は大抵文旨が明らかに言ひ表はされてゐる。（同上書・一七九ぺ）

右の二つの引用からは、文旨そのものの内容からだけではなく、その形態上への表われ方からも、「文学的材料」と「非文学的材料」の区分がおおむね妥当性を持っていると言える。言い換えれば、友納友次郎の読み方教授論を支える文旨論と教材論とは齟齬をきたすことなく、密接に関連していると言えよう。

以上、友納友次郎の文旨論を、主として文章の形態とのかかわりで考察してきたが、これまで取り上げてきた友納の考え方は、以後基本的には変化することなく昭和期まで続いていくことになる。そうした意味で、大正四年四月に刊行された『読方教授法要義』において、友納友次郎の文旨論は一応の体系化を見、それに基づく読み方教授論も最初のまとまりを持ったと見なせるのである。

4

友納友次郎は、大正九年五月に『読方教授の主張と実際』（目黒書店刊）を著すが、そこに盛り込まれた主張や考え方は、おおむね大正四年四月に著された『読方教授法要義』に示された考え方を踏襲している。しかし、第二篇「各論」の中に立てられた、第一章「文旨論」や第二章「教材論」には新しい考え方を見出すことができる。ここでは、その「文旨論」を中心に考察してみたい。

『読方教授の主張と実際』第二篇第一章「文旨論」は、「文の特色と趣味」「文旨の意義」「文旨の性質と其の分類」「顕在せる文旨と潜在せる文旨」「文旨の識別と其の取扱」「文章教授の態度」の六節から成り立っているが、文旨に関する考え方で特に新しい考え方が見られるのは、「文旨の識別と其の取扱」においてである。「文旨の識別と其の取扱」に示された新しい考え方の中で特筆すべきは、児童尊重の立場に立った「真の文旨」という考え方が示されていることである。友納友次郎は、その説明にあたって、まず文旨の受け止め方が人によって異なることを、次のように述べている。

文旨は其の人の性格や或は読解力の如何によつてそれ〴〵異なつて来べきものでありまして、特に情趣感興を主とした文章即ち潜在的の文旨を有つた文章に於きましては一層其れが甚だしいのであります。
（同上書・二四四ぺ）

右の引用に続けて、それゆえ、児童に感情や文旨を押しつけるべきではないと述べ、「何處までも児童自身の想像と判断とによつてそれ〴〵の趣味と感興とを尊重するやうに心懸けなければなりませぬ。」（同上書・二四四ぺ）と主張している。ここには個としての児童を尊重する考え方が明確に示されている。友納友次郎は、こうした児童尊重の立場に立ちつつ、文章の正しい理解を促すためには、「教師が先づ其の文の趣旨の在る所を明かにして、其文に対する趣味の存する所を十分に味はつて置」（同上書・二四五ぺ）くことが必要であると述べている。そうして作り上げられた「教師の文章観が教壇の上の所謂教授力となつて児童に強い影響を与へることが出来る」（同上書・二四五ぺ）のだと主張している。こうした教師の教授力が児童に文旨を会得させる様子を、友納は次のように述べている。

児童は教師の深い文章観と強い感興にそゝられて一種の憧憬の情を喚起し其の感興に共鳴するのでありま

す。斯様にして心と心との間に一種の交渉が行はれて児童の琴線に触れる或物、是れが即ち其の文の文旨なるものであります。

（同上書・二四五ぺ）

さらに友納は、右の引用中にある「児童の琴線に触れる或物」を「心の琴線に触る、或物、是れが即ち真の文旨なるものであります。」（同上書・二四六ぺ）と説明し、児童各自の文旨が成立するのだと述べている。

こうした「真の文旨」に関する友納友次郎の考え方を見るとき、それ以前に比べ児童尊重の考え方や教師の教授力を重視する考え方が明確に示されていることがわかる。それは、文旨論という観点から見れば、文旨をとらえる教師や児童、すなわち教材の読み手の情趣感興を加味する考え方を取り入れたことだと言い換えることができる。『読方教授法要義』をはじめとするこれまでの著書・論考においては、文旨はもっぱら書き手の作意として位置づけられていたが、『読方教授の主張と実際』において「真の文旨」として読み手の心の中で受け止めたものまで、その視野の中に位置づけたことになる。これは、友納友次郎の文旨論の一つの前進と言えよう。そこには、当時、人格教育学の影響を強く受けていた友納友次郎の姿を見出すことができるとともに、児童尊重の大正期新教育の風潮をも感じとることができるのである。

友納友次郎の文旨論にもう一つの大きな変化が表れるのは、昭和になってからである。昭和七年五月に著された『読方教育原論』（明治図書刊）には、「文旨」に代わって「文意」の用語が用いられている。「文意」という用語は、垣内松三によって用いられた用語であるが、大正十一年五月に『国語の力』が著され、形象理論が広まるとともに、この語も次第に使われるようになってきた。友納友次郎も昭和七年以前に、すでに形象理論の影響を受けていたと思われるが、読み方教授に関する論考の中にその影響が明白に表れるのは、この『読方教育原論』が最初である。「文意」という用語が用いられていることは、その象徴的な例と言えよう。友納は、文意と文旨の関係を次のように述べている。

文意は内面的な、生命的な、いはゆる文章自体、別言すれば文をしてあらしめた最初のもの、文の心・魂・生命・核心などがこれに相当する。——私はかつてこれに文旨といふ言葉を当嵌めて見た——したがつて文意には文のすべてを統率する力があるが、大意はたゞその外郭を示すに過ぎない。文意は動的で生長性があるが、大意は静的で発展性がない。

（同上書・一一九ペ）

この引用を見る限り、友納友次郎は、文意と文旨を同じものと見なしていたように思われる。次に示すような「文意」の説明の仕方を見ても、そのように受けとめられる。

文意……形象以前の本末未分の状態を意味し、文をしてしかあらしめた最初のもの、文の核心、こゝろ、魂、しかして文はそれ自体が展開してなつた具現の相であることは前すでに説くところである。いふところの形象は文意がおのれを実にしたもので、文意なきところに形象の云為しがたきはいふまでもない。

（同上書・四六三ペ）

さらに又、文意の種別を「文章はその象徴面が形態の上にあらはれてゐるかゐないかによつて、次の二つに分けて考へられる。」（同上書・一六四ペ）として、「顕在的文意」と「潜在的文意」の二つを示していることも、文意と文旨をほぼ同一のものと見なしていた証左と言えよう。いわば「文旨」を「文意」に、「漠然たる思想」等の言葉を「形象以前の本末未分の状態」に、というように説明の用語を置きかえているだけのようにも思えるのである。

ただ、友納友次郎は「節意」の性質の説明に際して、その持つ特質は「文意」が持つ特質と同様だとして、次の五つをあげている。

1　情意的であること
2　固定した概念ではないこと
3　非実有的なものであること
4　不可視的な存在であること
5　内在性と直観性とを本質としてゐること

（同上書・三三一ぺ）

こうした理論的に整理された内容、とくに形象理論の裏付けによって、詳細に説明されている内容を見ると、単に用語の置きかえだけではないように思われる。昭和期における友納友次郎の「文旨（文意）論」については、まだ十分な検討を行っていないので本稿では前述したような事実を指摘するだけにとどめておきたい。

なお、宮川菊芳の『読方科教育問答』（昭和五年十二月、厚生閣書店刊）等、昭和初期に刊行された読み方教授に関する何冊かの書を見た限りでは、当時、「文旨」と「文意」は併用され、お互いの境界はかなりあいまいであったように見受けられる。そうした状況下、実践現場を離れて長い時間を経過した友納友次郎にしてみれば、広く用いられるようになってきた「文意」という用語に置き換えることが国語教育界への復帰の条件のように思われたのではないだろうか。

5

友納友次郎の文旨論は、綴り方の方法に依拠しながら、読み方教授のあり方を完成させていったところに大きな特徴がある。その出発点は、文学的教材の知的分解的取り扱い法を改善することであったが、綴り方に着目し、書き手の作意に注目することによって、文章を一つの組織体と見なす文章観を完成させていった。さらに、その文章観に基づき、すべての教材に通じる読み方教授の規範を確立し、教材の性質に応じた取り扱い法を可能にしていった。

大正初期において、こうした書き手の意図に注目した文章観を確立したということは、それだけでも注目に値することである。友納の文旨論が先導的であるのは、その文旨を中心とした文章観を活用することによって、読み方教授論全体の体系化を図ろうとしたことであり、文旨に対する考え方が固定化・形式化されず、「文旨↓真の文旨↓文意」と絶えず発展していったことである。

今後、昭和期における文旨（文意）論を考察し、文旨論の発展をとらえたいと考えている。

注
（1）友納は、一般に内容と形式といわれる際の形式を「形態」という用語で表している。
（2）広島高等師範学校教育研究会によって大正三年から発行された教育雑誌。友納友次郎は広島高等師範学校附属小学校在職中「新刊紹介」等の小品も含め三十二編の発表を行っている。「国語教授の欠陥」はその創刊号に発表された論考である。

〔口頭発表〕

2　友納友次郎の読み方教授論の考察
――教授規範を中心に――

友納友次郎は、大正三年五月に刊行されました『実際的研究になれる読方綴方の新主張』(以下「資料A」)において、「教授の方法は教材其の物によつて相違あるべき筈のものである」とする考え方を示しており、読み方教授における形式的画一的教授法の打破をめざしております。今回、考察の対象とする教授規範は、言わば、そうした友納の読み方教授に対する考え方をまとめたものであり、彼自身、大正四年四月に出された『読方教授法要義』(以下「資料B」)の中で、「私が読み方教授に対する唯一の規範である」と述べています。その規範は、一枚目に示しましたように、二つの規範から成り、それぞれ甲乙二つの規範的条件に分けられております。その一は、「教材其の物の性質に従つて各特殊の取扱法を定めること／甲、形態によつて内容を読解し、以て文の趣旨を会得せしめること、乙、会得した文旨によつて更に内容及び形態をふり返つて十分に考察玩味せしめること」と教材に視点を据えた教授法のあり方を示し、二は、「各人特有の主観的態度を認容すること／甲、教師の主観的態度を認容すること、乙、児童の心理的状態を顧慮すること」と教師児童に目を向けた規範となっております。こうした教授規範が、如何なる過程で成立し、それがどのような意義を持つのかということを、考察してみたいと考えております。なお、この教授規範は、資料プリントの一枚目に示しました、『実際的研究になれる読方綴方の新主張』『読方教授法要義』の二冊の著書に示されております。

まず、教授規範の成立について考察をしてみたいと思います。先に、「形式的画一的教授法の打破をめざした」と述べましたが、其の考え方は既に資料1「読み方の教授に対する余が主張の骨子となつてゐる思想は、従来の分解的教授法が徒らに繁瑣な手数を煩はし、面も効果なき事実を救はうといふ考から生れ出たものである。」（雑誌「学校教育」第一号・一二ぺ）、2「余は国語の教授といふものに対して普遍的の方法といふものは、全然あるべきものでないといふ考を抱いてゐる。従つてこれに応ずる態度も亦いろ〳〵でなければならぬものである。厳密にいふならば一つの文章に対する取扱は唯一であるといふことが出来ると思ふ。すべて国語の教材は同時に取扱の方法を提示するものであると考へなければならぬ。従つて教材其物が教授の方法を要求し規定するものである。教材の取扱は教材の性質が生み出すべきもので各篇固有のものである。決して一般的普遍的のものでないといふことを忘れてはならないのである。」（雑誌「学校教育」第一号・一二ぺ）に示しましたように、大正三年三月に刊行されました、雑誌「学校教育」所収の論文「国語教育の欠陥」に示されております。

大正三年に刊行された『実際的研究になれる読方綴方の新主張』は三篇からなり、第一篇が読み方教授、第二・第三篇が綴り方教授に関する論述となっておりますが、資料3に示しましたようにその第一篇の目次を見ますと、「第一章　国語教授の精神を没却せること／第二章　智的取扱に偏せること／第三章　言語の教授を忽にせること／第四章　語法及び修辞法の取扱につきて／第五章　教授の方法画一的に偏せること　……」のように当時の国語教育のあり方を批判する、という形になっております。こうした、当時の国語教授に対する批判を示した友納は、自らの国語教授、ここで言いますと読み方教授に対する考えを構築し、示す必要に迫られることになります。友納が分解的で画一的な教授方法を打破する拠り所として選んだものは、教材そのものであります。『実際的研究になれる読方綴方の新主張』におきましても、資料4に「読み方教授は言語文章を対象として研究せらるべき者《ママ》であつて、之より以外に教授方法を構成する手段はない筈である。（中略）かく対象たるべきものが多種多様の形をとり性質を異にしてゐるならば、之れが取扱の方法に於ても亦篇毎に定まるべき者《ママ》であつて、各篇各異なつた教法が構成せられなければならぬ筈である」（資料A・七二ぺ）と示しましたように、随所にそのことが論述されております。こうした考え方がどこから生じてきたのかを考えますとき、一つは資料5に「教材区分の方法についても単に教材を時間によつて処置するといふことのみを知つて、方法其物を処置することを忘れてゐるやうである。現今一般に行はれてゐる教材の処置法は、教材を先づ時間数に応じて区分し然る後毎時間の仕事を定めるといふのが恰も通則のやうに見做されてゐる。如何にもかくすることが一時間の教授としては纏つた仕事が出来て手際よく進んだやうに思はれるに相違いないが、実際に於てはそれが非常に不経済で而も意味のない仕事を行つてゐることになるのである。折角長編に接せしめたいといふ考へから加えられた材料も、ぷつ〳〵に切り分けられては毎時間児童の接する教材の分量はいつもきちんときまつてしまつて分量其物から少しも陶冶を受けるといふことが出来ないことになるのである。」（資料A・八三～八四ぺ）という教材区分の方法を取り上げましたように、実践の中で経験し、考えていったことに依拠し、いま一つは、資料6に「昨今にいたり更に我が国の教授学は著しく人格的教育学の影響を受け目的論に於ても方法論に於ても教師・児童の人格其物を主としなければならぬといふ意見が頗る勢力を得るやうになつて来た」（資料A・八三～八四ぺ）と示しました、人格的教育学に代表されるような当時わが国で注目されていた教育思潮に依拠していたように思われます。こうした、実践を通し、書物を通し、新たな読み方教授を探求していく中で、友納は次第に人格的教育学の考え方に傾斜してまいります。資料7に①「一体教授の方法といふものはどれだけの生命を有し価値を有するものであらうか」（資料B・三九六ぺ）と示しましたように、教授方法の生命は何か、と自問し、②「方法はどこまでも方法で方法其の物に何等生命のあるべき筈がない」（資料B・三九六ぺ）という考えに至るわけですが、その解決の糸口を与えてくれたのは③で示しましたように、当時広島高等師範学校の教授でありました佐藤熊次郎氏の論考「人格と教材と方法」（雑誌「学校教育」第四号、大正三年四月刊）であります。そこには、「教授者の内部に於て自己の生成発展の資源とならざる教材、言い換へれば教授者の人格的生命の中に編み込まれざる教材は如何に巧妙なる教授術を以てしても、児童の内界に流れ込みて、其有機的生活のうちに同化せらる丶事は出来ない。」（同上書・五ぺ）と述べられております。友納は、「私はこの論文の内容をことごとく明瞭に理解できない」と述べながらも、先の疑問に対して、「何となく解決を与へて貫つたような心持がした」と述べております。この人格的教育学の考え方を明瞭に自分のものとし、教法の生命というもの、教師の教材を見る目の確かさの必要性を、書かれたものとしてはっきりと打ち出してまいりますのは、資料8に「教材から教法を見出す眼識」という見出しで示しましたように、大正九年五月に刊行された『読方教授の主張と実際』における「教師が其の教材の取扱法と云ふものを発見して、其の教材に適応した方法といふものを工夫する所に教法の生命と云ふものが存して居るのであります。」（四三九～四四〇ぺ）というような文言においてであります。

そうした人格的教育学の影響を受けながら自らの教授法を変えていくことになった様子を、資料9に①～③と示しましたように、述べております。①では、形式的段階的教授法に陥らないようにしながらも、「従来私がとつてゐた教授の方法はあまりに予定に過ぎてゐた。児童のすべてが自身の力では到底読めないもの、指導の力を藉るでなければ理解し得ないものと考へて、あらゆる仕事を工夫して割り当て丶ゐた」（資料B・三九八ぺ）と述べ、②で示したような、「従来教授の方法を構成する上に児童の能力に差異があるということを考えていなかった」という重要な気付きを記しております。そして③では「進んだ程度の文章を取扱ふには」として「予習」に始まり「達読又は話し方」に至る十段階の考え方を示しております。ここには、児童そのものに目を向けていった友納の姿勢を見ることができます。そして資料10の①に示しましたように、「私は一切教材を教師が取扱ふという考へを取り除けて、教材を児童に提供して教材其の物から直接に陶冶を受けるやうに仕向けることにした」（資料B・三九九ぺ）

と、教材と児童の直接対峙を考えております。同時に、②で示した、教師の教材研究の重要性、③で示しました学習訓練の必要性をも述べております。そこからは、教材・児童・教師という、授業を構成する三つの要素をそれぞれ独立したものとみなし、相互の関係を的確に押さえていこうとする考え方を読み取ることができます。一方、資料11で示しましたように、教材そのものを重視するという考え方をも進め、「相異なつてゐる教材によつて多様に児童の心力を働かせ、多方面の陶冶を与へたい」という考え方に立ち、「吾々は内容や形態の色々と異なつた教材に接して其の度毎にそれに適応した取扱の方法を工夫し、其の教材を処置するに適当な教授方法を構成しなければならぬ」（資料B・四〇三ぺ）という考え方を示しております。

資料12では、教材に方法を依拠する場合、何を手がかりにするかということについて、「文章の取扱で大切な仕事は形態によつて表はされた内容を読解し、以て文旨を会得するといふことゝ、文旨によつて形態や内容を振り返つて、或は吟味し、或は鑑賞するといふことに存してゐる。つまり作者が其の文章を拵へ上げる為に取つた所の自然の道行きを発見して、それを逆に適用すると言ふことになるのである」（資料B・四〇三～四〇四ぺ）と述べ、②で示しましたような「1．文旨に到達する為に取る径路、2．文旨から拡衍的に進む径路」（資料B・一七一ぺ）の順序を示しております。次いで、資料13で、児童の能力差にも考えを及ぼし、「児童の能力はそれ〴〵異なつてゐるのであるが、而し形態によつてそこに表現せられてゐる内容を了解するといふ態度だけは何れの児童もすべて一致してゐるのである。そこで私は其の態度其の物を旨く誘導して各其の能力に応じて、それ〴〵内容を掴ませるやうに仕向けたい」（資料B・四一〇～四一一ぺ）と述べ、読みにおける児童の共通的態度を以て能力差に応じた内容把握をさせようとする考え方を示しております。

以上を見てまいりましたような、教材や児童に対する考え方を重ね合わせることによって、教授方法を構成する場合の拠り所を資料14に示しております。それは、「先づ㈠其の内容を明確に会得する為に文字や語句に触れて十分に其の意義を確かめ、㈡かく読解して得た内容によつて再び形態を振り返つて熟読玩味させる」そして、そのことについて、「私の考へでは唯これ位の仕事だけは大体極めることが出来るのであるが、それ以上の細かな部分に立ち入ると教材の性質により又児童の状態や其の時の事情によつてそれ〴〵異なつた取扱の方法を必要とするので、此処で何、其の次に何々と一々厳密に極めることが出来ない。要は唯教授者が自己の見識によつて其の教材の性質を明確にし、其の場合に最も適応した取扱の方法を構成すると言ふことに帰着する。私は教授方法を構成する上に之より以上の拠り所は決して無いものと信じてゐる」（資料Ｂ・四一一～四一二ペ）と述べております。ここには、教授の順序に関わる考え方が示されておりますが、1の仕事には資料13において示しました児童の共通的態度を取り入れ、1、2の二つの仕事には資料12で示しました、文章の取扱上の重要な仕事という考え方が取り入れられております。なお、教材重視の考え方を友納が指摘した、と申しましたが、そのような考え方は、単に友納だけのものではない、ということを示す意味で、佐藤熊次郎の「人格と教材と方法」から「数年前に突如として、『教授は須く拙なるべし』といふ声が響きわたつた、多年鎖国の迷夢が外艦の渡来に依つて、愕然として醒むるに至つたことにも比すべき程であつた。斯くて『方法よりは教材を』といふ叫が、教授社会のモットーでもあるかの如き観を呈して来た。」（雑誌「学校教育」第四号、大正三年四月刊）からはじまる一節を資料15として示しておきました。友納は、そこに示されましたように、当時のそうした新しい考えを、自らの論の中に取り入れることによって、自らの論を構築していったものと考えられます。

大正三年に出された『実際的研究になれる読方綴方の新主張』と大正四年に刊行された『読方教授法要義』の二冊に教授規範が載っておりますが、ほぼ共通であり、一年後に作られました、『読方教授法要義』を中心に考察を進めて参ります。

まず、資料16の①のところで、「私は私の前著『読方綴方の新主張』に於て教授の方法は教材其の物によつて相違あるべき筈のもので、各教材が各特有の方法を提供するものである」との考え方を示し、それに対し、次のような三つの疑問点が起こるであろうことを示しております。一は、一般的教授法欠如による取扱いの無秩序な拡散、二は、そうした無秩序な拡散による均一性の欠如、三は、実力不十分な教師の教授の不成立に関する批判であります。それらに対して友納は、「各教材は各教材に対する教師の見識によつて区々な取扱法を採つても差支はない。従つて人により又処によつての相違も認めるし、教師の実力の相違による方法上の相違をも認容しなければならぬ」（資料B・四一二～四一三ぺ）と、教師の見識の必要性と、実力による方法の違いを是認する考え方を示しております。こうした批判をふまえながら、自らの具体的な考え方を②以下のところで示して参ります。

まず「実力十分な教師は勿論、実力十分でない教師でも、各其の本質の力に応じて、それ相当に教材が働かされると言うことにならなければ、真の意味の教授ではない。」（資料B・四一三～四一四ぺ）と、教師の人間としての本質によって、教授を行うべきである、との考え方を示しております。そこには、人格的教育学の影響をみることができます。次に、③において、「今日一般に行はれて居る教材研究と称するものは、殆ど此の一般的・普遍的の教授形式の中に教材を当て嵌める工夫に過ぎない。」（資料B・四一五ぺ）、と現実に行われている一般的・普遍的教授形式に教材を当てはめるだけの教材研究を否定し、教授を行うためには、「教師の真の力」を打ちこむことが必要であることを述べたのち、「私は、全然方法上に於ける従来の一般的普遍的の教授形式を打破したい」（資料B・四一四～四一五ぺ）と、画一的で教師の精神のこもらぬ教授を産み出すもととなっている、一般的・普遍的教授の形式の打破に対する希望を述べております。そして、④では、具体的な教授の帰一点として、「教材其の物の性質に従ひ、どこまでも目的に適合せしめようと努める態度其の物に於ては、全く合致するに相違ない」（資料B・四一五ぺ）と、教材の性質による教授の目的適合性を求めております。それは、友納友次郎の教授における二つの規範の起源となっております。

資料17は、二冊の著書の教授規範の解説を比較したものであります。上段に『実際的研究になれる読方綴方の新主張』、下段に『読方教授法要義』を対応して並べてあります。概ね『読方教授法要義』は『実際的研究になれる読方綴方の新主張』を受けておりますので、内容的にも、文言的にも、ほとんど変わりがないことがわかります。そうした前提に立って必要なところだけを見ていきたいと思います。まず、先にも述べましたが、下の欄の①の最後のところに、「第一の規範は固定的の性質を有し、第二の規範は変化的の性質を有してゐる。此の二つの条件は私が読み方教授に対する唯一の規範で、すべての場合に於て此の二個の条件に適つてゐなければならぬ」と、教材があくまでも中心であり、教師児童が副次的な条件として明瞭に位置づけられております。続いて、第一規範の甲乙それぞれを説明しておりますが、甲のところでは、「形態によつて内容を読解し、以て文の趣旨を会得せしめること」、乙のところでは「会得した文旨によつて更に内容及び形態をふり返つて十分に考察玩味せしめること」というように、文旨というものを重視する考え方が示されております。続いて、第一規範の適用に関する③のところに参りますが、アのところで、「第一規範の先づ形態によつて内容を読解するまでの仕事は何れの教材でも前章に述べた通りに、大概同一の態度で差支えない。それから後の仕事は全く教材の性質によつてそれぞ〳〵態度を異にしなければならぬ。」とあります。「それから」という、そういう表現を使っております。ところが、上段に示しました『新主張』のほうでは「此の二つの規範的要件は、何れが先になつても差支なく、又場合によつては同時に行はれても差支えない。つまり前後の関係などは全く教授者各人の自由で」というような順序性のない単なる「具備すべき要件」として示されております。ここには、この二つの規範が順序性を持ったもの、おおまかではありますけれども、一つの流れを持ったものとして『読方教授法要義』では位置づけられていることが分かります。

下段のイの一番最後のところに、「この意味に於て、此の二つの規範は教授の正確なる結果を得る為に最も重要な条件であると信じてゐる。」（資料B・四一八ぺ）と書かれてあります。「正確なる結果」という表現であるとか、後ほど出てまいりますような内容を考えていきますと、友納自身が紹介しております、当時紹介された教育思潮の中の、メスメルの考え方が、こういうところに出てきているのではないかと思われます。

続いて、第二規範に参ります。第二規範のアのところでは、「各人特有の教授法を産み出すことが出来る」（資料B・四一九ぺ）と述べ、「つまり第二の規範は、教授の上から見ると、予件たるべき性質を有してゐるのである。」（資料B・四一九ぺ）と続けております。ここには、画一的教授法を打破しようという考え方が明確に示されておりま す。ウのところにまいります。「甲の教師の主観的態度は、教師が自己の性質・素養等を十分自覚し、其の本質の範囲内に於て方法を考慮することであつて、之あるが故に教授なるものが始めて意味ある仕事となるのである。」（資料B・四一九ぺ）と書かれております。「意味ある仕事」という言葉で表しておりますように、教師の主体性、教師の教育力というものを重視した人格的教育学の考え方が、ここにも表れているように思われます。

「乙の条件は児童の心理的状態を顧慮すると言ふことで、全ての教授は悉く此の条件を予件として始めて適応な方法を構成することが出来るのである。」（資料B・四二〇ぺ）と述べ、教授を構築する上で、学習者たる児童を無視できないことを述べております。以上のようなことを踏まえたまとめがつけられております。すなわち「要するに従来の教授は国語本来の性質、即ち国語の本質の上に教授の方法を建設するということを忘れて、全く予件に属する心理的方面にのみ顧慮して居たやうである。」（資料B・四二一ぺ）と述べ、最後に、「教育は人と人との問題で、真面目な生きた仕事であらねばならぬ。どこまでも事実であつて、虚事たるを許さない。生き〳〵とした生活にふれた仕事であらなければならぬ。」（資料B・四二一～四二二ぺ）と述べられております。

以上のような考察を踏まえますとき、友納友次郎の教授規範は、実践と研究を踏まえた中から生まれてきたものであり、次のような意義を見出すことができるかと思われます。一つは、教材を、教授における最重要な条件とみなす考え方です。続いて、教師の人格を重視する考え方、児童の個別的心理的状況を重視する考え方、教授過程の枠組みを考えようとする考え方、形式内容の知識よりも読む力をつけることを重視する考え方、こういった考え方を含んでいるという点です。こうした大正初期における友納の考え方は、今日においても、教師が心に留め、実践に生かしていかなければならないことであり、今後、資料を探査研究することによって、実践の中でこの教授規範がどのように生かされていったかを、考察してみたいと考えております。

3　友納友次郎の読み方教授論の考察
――人格的教育学からの摂取を中心に――

〔口頭発表〕

本発表のねらいは、大正期に活躍した友納友次郎の読み方教授論を、大正初期我が国に取り入れられました人格（的）教育学からの摂取という観点から考察することにあります。

考察にあたりましては、友納友次郎が在職いたしました広島高等師範学校教育研究会機関誌「学校教育」誌上に載せられました「人格的教育学」に関する論考を中心に、当時我が国教育界においてその「人格的教育学」がどのように受け止められ、どの程度理解されていたかという概況を捉え、そうした中で友納友次郎が何をどのように摂取していったかということを考察したいと考えております。

なお、発表題目の副題には、「人格的教育学からの摂取」と書いておりますが、後ほどの資料の中に出てまいりますように本来は「人格教育学」という言葉が使われております。今回は友納が使っております、「人格的」と「的」の入った用語の方を用いたいと考えております。

今回引用いたしました論文は、資料プリントの一枚目のところに次のように示しております。

A　佐藤熊次郎「人格と教材と方法」雑誌「学校教育」第四号、大正三年四月刊（以下「資料A」）

B　佐藤熊次郎「人格淘治と読み方教授」雑誌「学校教育」第六号、大正三年六月刊（以下「資料B」）

C　佐藤熊次郎「人格教育学とは何ぞや」雑誌「学校教育」第十一号、大正三年十一月刊（以下「資料C」）

D　友納友次郎「大正三年に於ける国語教授の傾向」雑誌「学校教育」第十三号、大正四年一月刊（以下「資料D」）

E　友納友次郎『読方教授法要義』大正四年四月、目黒書店刊（以下「資料E」）

友納友次郎の論考以外には、佐藤熊治郎教授の論考のみを取り上げております。しかし、例えば出典として示しました「学校教育」の第十一号は、「人格的教育号」という特集が組まれて、多くの方々の論考が載せられております。今回は、考察の関係上、代表的なものとして取り上げましたのは、たまたま佐藤熊治郎教授のものになったということでございます。

さらに、友納友次郎に関しましては、大正九年に刊行いたしました、『読方教授の主張と実際』の中で、「教師論」という一章が立てられ、人格的教育学の摂取がなされたことは、明確ではありますけれども、その章に関しましてはすでに修士論文（本書第I部）において考察いたしましたので、今回は割愛し、最初の本格的著作ともいえる大正四年四月に刊行された『読方教授法要義』を中心に考察することといたしました。

我が国における人格的教育学の紹介は、中島半次郎の『人格教育学の思潮』（大正三年二月、同文館刊）等によりますと、その受け入れは資料1に、

数年前に突如として、「教授は須く拙なるべし」といふ声が響きわたつた、多年鎖国の迷夢が外艦の渡来に依つて、愕然として醒むるに至つたことにも比すべき程であつた。欺くて「方法よりは教材を」といふ叫が、教授社会のモツトーでもあるかの如き観を呈して来た。出版物に於ても教授段階に当てはめて作られたる教授書の類は漸次姿を匿して、其後継者として、教材研究に関する類のものが続々顔を出すやうになつて来た。そ

れならばヘルバルト、チラー派に由来して居る方法が全然失はれたかといふと必しもそうではない。教授の実際に就て見ると依然として段階説その儘の教授若くは其反映と見るべきものが多きを占めてをる。又、「方法よりは教材を」といつても、其教材の研究が如何なる意味に於てどれだけの重きをなすべきものであるかといふことに就ても、多少深い思想を要求するものに対して満足を与へるだけの説も乏しいやうに思はれる。つまり教材と方法との関係に就ての思想が、極めて混沌の状態にあるといふのが今日我教授社会の実況ではあるまいか。此点から見ると瑞西のメスマーの教授学説や昨今紹介せられ始めてをる人格教育学の説く所は、ヘルバルト、チラー派の段階説に疑を挟んでをるもの乃至教材並に教法に関して其思想が動揺不定の状態にあるものに対しては、一道の光明を与へてをると見ても大なる誤ではないやうに思ふ。（資料Ａ・一ぺ）

とあるように、〈方法から教材へ〉〈形式的段階説〉への批判という、当時の教育界の流れの中で行われていったように思われます。このことは、形式的段階説を批判し、教材に適応した教法を主張した友納友次郎が、人格的教育学を受け入れていく一つの素地、理由となったものと思われます。

資料の二枚目にまいります。資料２「思想に於て又は実行に於て、教材若くは方法に重きを置くものに対して、教授上中心の位置を占むべきものは教授者の人格であると主張するのが人格教育学の立場である。」（資料Ａ・二ぺ）は人格的教育学の主張が、教材・教法よりも「教授者・児童の人格」に重きを置いていることを示しております。資料３におきましては、「伝達せんとする教材にしても、之を伝達する所以の方法にしても、教授者の内部に同化せられて其血となり肉となり、自己固有の独立の財産となり、生産的創作的の力となり、その内的世界の中に融合合体したる所に始めて教授者としての人格を認むるのである。反復していへば其国民其時代の精神的財産（教材）が教師の人格的生命のうちに編み込まるゝことを要し、又此財産を児童に提供する方法が最も自然的に教授者の内部より発露し来らんことを要すと主張するのである」（資料A・四ぺ）とありますように、人格的教育学においては、教師が教材を自らの精神の中に同化し、そこから自然に発露する教授方法が大切であることを示しております。

資料4にまいりますが、その最初のところで、「海外の教育思想を輸入する事によつて長足の発達進歩を遂げ得た我国の教育は、理論も実際も、善きにつけ悪しきにつけ、彼の進んだ軌道を其儘辿つて進んでをるのは已むを得ない事である。それ故彼の地に於て唱道せらる、改革思想は我国に行はる、教育上の時幣に対して適切なる警告に値する場合が甚多いやうに思ふ。昨今紹介せられ始めてをる人格教育学の如きも確にその一つである」（資料B・三ぺ）とありますように、海外の教育思想が、我が国の教育進歩に果たした役割について述べております。人格的教育学もまた、そうした意味があったものとして紹介されております。

特に人格的教育学は、只今読みましたところの次にありますように、「エルンスト、リンデが其著人格教育学の中に述べてをる読み方教授に関する意見の如きは、前段に縷述した形式内容の主客問題の解決に対して有益なる一参考資料であると思ふ」（資料B・三ぺ）というふうに書かれておりますが、読み方教授におきましては、まず、形式内容の一元化を示す根拠として取り入れられていったということが考えられます。同じ資料の後段中ほどでありますが、「読本は此の人格の成長発達に資せらるべき精神的滋養物を収斂してをる宝庫であつて、読書は即ち此の宝庫を開くべき唯一の鍵である」（資料B・三ぺ）というような部分は、友納友次郎の『読方教授法要義』の中にも、その文言が引用されておりまして、こういった形式内容の一元化というような観点から、友納もまた取り入れていったのではないかというふうに考えられます。

三枚目にまいりますが、資料5「読み方教授をして人格陶冶に貢献せしめやうとならば、何事をさし置いても先づ形式の為に内容の蔽ひ匿されないやうにしてやることが肝要である。恰も教師の自由な講演を聞くと同じやうに読むと同時に内容に触接せしむることが大切である。右に述べた事だけでは読み方教授に於ては内容が主で形式は客であるといふやうに聞えるかも知れない。併しながら人格陶冶のために重要なるものは決して内容に限るのではない。形式も亦極めて重大な意味を持つてをるのである」（資料B・四ぺ→資料E・四九ぺに引用）も、形式、内容の主客の問題にふれたものでございます。

「学級教授に於ても出来得るだけ個人的発展の余地を存ぜしめよといふのが人格教育学の一つの大切な要求である」（資料B・七ぺ）ということについて述べた資料の6は飛ばします。資料7は、リンデのいう人格の特性が示されております。その中心が、「教授上に於て教師の人格が主要なる位置を占むべきものであり、又小供に教授する場合に於て人格の核心たる心情を動かすことの極めて必要なることに就ては委曲を悉して力説してをるものも見受けないので、さてこそ人格教育学を主張するに至つたのであると（引用者注・リンデは）言うて居る。教授上の人格主義と見えるのは主として此理由に基くのである」（資料C・八〜一〇ぺ）とありますように、「教授上の人格主義」にあるということがここのところから分かるかと思われます。

資料8「ブッテにありてもケストナーにありても其教育学説は一つの纏つた教育学の体系とはなつてをらないと信ずる。此点からいへばリンデも同様である。（中略）孰れにしても人格教育学は未だ整然たる体系を備へたものにはなつて居らないと信ずる」（資料C・一一ぺ）におきましては、以上のようなかたちで紹介されております人格的教育学が、リンデを始め、或いはオイケンの哲学の影響を受けましたブッテと多くの提唱者がおりますにもかかわらず、ほぼ似たようなものであるということ、かつ、いずれも系統化され、或いはまとまったものではないというふうに見なされていたということが分かります。つまり、体系立った理論として捉えられた、というよりは、教授上の一つの主張というようなものとしてみなされていたことが分かるかと思います。

四枚目の資料9にまいりますが、下段の一番最後の段落の部分でありますが、「最近の教育学界に於て部分的に主張せられて居る各種の教育意見が人格教育学の中にも大体に於て包括せられてをるやうに思ふ。従て其説の必しも斬新なものでないことも感ぜらる、。」と書かれてありますように、人格的教育学の考え方が、必ずしも新しいものとして受け止められていたのではないということ、それは後ほどの資料のところでも出てまいりますけれども、東洋における精神重視の考え方、そういったものから考えて、情意を重視する人格的教育学の考え方が、特に新しいものとして取り入れられていなかった、特に新しいものだというふうには受け止められていなかったということが、分かるかと思います。

以上のような一般的な受け止め方に対して、友納友次郎自身はどのようであったかといいますと、資料の10の最初のところに「大正三年に於ける主な意見は以上に述べたやうなものであるが尚著しき主張として見逃すことの出来ないのは人格的教育学の思想である。其の著しいものをあげると本誌の六月号に佐藤教授の『人格陶冶と読方教授』と題した一論文がある」（資料D・三八ペ）と書かれております。これは、大正三年における国語教授の傾向について論述しました部分の最後のところに付け加えられている箇所です。その年の傾向をとらえた文章の最後にわざわざ多くのスペースを割いているということは、人格的教育学に対して注目をしていたということが分かりますと同時に、佐藤熊治郎教授の考え方を通して友納は人格的教育学の影響を受けたのではないかということが考えられるわけであります。そのことは、その次の五枚目のプリントの『読方教授法要義』において人格的教育学からの摂取について触れた資料11の上段の頭注「本節は主として佐藤教授の講演に則り、尚乙竹教授の『現代教育思潮』及び中島教授の『人格教育とその思潮』等を参案致しました。」（資料E・三八一～三八二ペ）という文言などとも合わせて考えると、佐藤教授の影響による摂取が中心であったのではないかということが一層明瞭に理解することができます。

友納友次郎が、人格的教育学の考え方にまず目をつけたのは、プリントが前後いたしますが資料10の一番最後のところに「内容の上から人格に共鳴を起さしむるためにも、形式の上から人格に影響を与へるためにも、孰れにしても内容と形式とを離す事が出来ない。ところが理論の上で分離し得る事をば、之を実行の上に於ても分離して取扱はうとしてゐるのが今日の教授の一大通弊であるといふことに帰結するやうである」（資料Ｄ・四〇ぺ）とありますように内容形式不可分の考えからであろうと思われます。この引用部分は佐藤教授の論を紹介しているところではありますが、形式・内容の部分をまとめるかたちで取り上げておりますので、友納の関心はまずやはり形式と内容との問題にあり、そこから人格的教育学に目を向けていったのではないかと考えられます。

資料の五枚目にまいります。

友納友次郎の読み方教授論における人格的教育学からの摂取は、まず、その考え方を、最近の教授学を紹介するといったかたちで始まっております。資料の11、12に示しました『読方教授法要義』からの「人格的教育学の影響」（資料Ｅ・三八一～三八二ぺ）「人格的教育学派の唱導」（資料Ｅ・三九〇～三九二ぺ）等の引用は、そのことを表しております。しかも、それは、先に述べましたように、形式・内容の一元化を基調とした、肯定的な紹介であります。『読方教授法要義』において、人格的教育学の影響を具体的に見出すことができますのは、第四篇の「教授論」において、第二章～第四章として「教授方法の生命」「教授方法構成の要件」「教授の規範と其の適用」を考えているところであります。

プリント六枚目にまいります。資料13で、一番最初のところでありますが、「一体教授の方法といふものはどれだけの生命を有し、価値を有するものであろうか」（資料Ｅ・四〇〇ぺ）と疑問を投げかけました友納は、佐藤熊治郎教授が、その論考「人格と教材と方法」の中で、教材を教師の人格に取り入れられる必要について述べた部分、つまり、資料3の下の段の部分「教授者の内部に於て自己生成発展の資源とならざる教材言ひ換へれば教授者の人格的生命中に編み込まれざる教材は如何に巧妙なる教授術を以てしても、児童の内界に流れ込みて其有機的生活のうちに同化せらるゝ事は出来ない。されば教授者は我々人間社会に於ける精神的力、精神的財産、精神的所有と称せらるべきものに就ては、凡て是を自己の真の所有と称し得る程度に達しなければならない。」（資料A・四ペ）を引用いたしまして、そのことについて触れております。ここでは、「私は此の論文の内容を悉く明瞭に理解することが出来ない」としながらも、従来の「あまりにも予定しすぎた教授方法」を改めなければならないと心を動かし、「全く従来行つてゐたやうな教授方法を一変するやうになつた」と述べております。

そのことを受けて、児童の能力のすばらしさに着目し、教材そのものによって直接児童を陶冶させるべきであるとの考え方を示しております。

そのことは次のように書かれております。

「私は一切教材を教師が取扱ふといふ考へを取り除けて、教材を児童に提供して教材其の物から直接に陶冶を受けるやうに仕向けることにした。つまり教材を児童に投げ渡してそれを児童に処置させるといふことになるのである。斯うなると児童は提供された教材に対して各出来るだけの力を注いで其の内容を読解し、それに含まれた文字や語句を習得しようと努力する」（資料E・三九九～四〇〇ぺ）と述べております。

続いてプリント6、資料14に「つまり教師は成るべく単純な仕事をしてそれで児童を多様に働かせる。教師は一色の仕事をしてゐるが児童の仕事は十人十色に変化して働くといふことに学級教授の真の意味が含まれてゐるではあるまいか」（資料E・四〇〇～四〇一ぺ）と述べております。

ここのところでは、先に述べました、〈方法よりは教材を〉という考え方を、人格的教育学によって裏付けられたことが示されております。さらに又、児童の個性重視、個々の人格能力の重視、或いは、教材を生徒に投げ渡す際においては、教師がその内容を熟知し、自らに同化するという前提が含まれているように思います。そのことは、『読方教授法要義』の四〇四ページから四〇五ページにかけてでありますが、「人格と教材と方法」という、先に佐藤熊治郎教授が出されました題名と同じような項目によって説明をされております。そこには、明らかに教材を教師の人格に同化するという人格的教育学の影響を見ることができます。

続いて、資料16として示しました「国語教授の規範」について考えてみたいと思いますが、この「教授規範」は、友納友次郎の読み方教授に対する最も重要な考え方であります。その要件は、資料16の一番最後のところに示しておりますが、

一、教材其の物の性質に従つて各特殊の取扱法を定めること

二、各人特有の主観的態度を認容すること

（資料E・四一五ぺ）

として示されております。

このことは、先に述べました、教授方法を改めることについて述べた部分を受けて、教材を重視することと、人格重視の考え方が示されております。特に第二規範については、資料17で示しました、甲の規範的条件、つまり「教師の主観的態度を認容すること」において、教師の品性や学識等に言及しておりますことは注目に値すると思われます。

こうしたことから、人格的教育学の考え方が、友納友次郎の読み方教授の中心となる規範にまでも影響を与えているのではないかというふうに考えております。

最後になりましたが、資料9に、佐藤熊治郎教授が人格的教育学に接して最も注意を引かれた二、三の話についてということで、四つのことを挙げておられます。すなわち、「人格教育学を繙いて第一に注意を惹かる、ことは従来の偏頗なる主知主義の教育に対して手痛く攻撃を加へてをるといふことである／第二に注意を惹かる、ことは個性主義と活動主義である。人格の主要なる一特質は個性である。人格の礎石をなすものは持つて生まれた個性の力である／第三の事項は著しく芸術的色彩を帯びてをるといふことである／最後に、も一つ人格教育学に於て注意

を惹かる、ことは教授に於ても訓練に於ても実質的の結果よりは寧ろ形式的の結果に重きを置くといふ点である。」（資料C・一六〜二一ぺ）の四つであります。それぞれは、第一のところでは主知主義に対する攻撃を加えていくこと、第二につきましては、個性主義と活動主義であること、第三といたしましては、芸術的色彩を帯びていること、最後には、実質的の結果よりはむしろ形式的の結果に重きを置くという点であるということ、こういったことを挙げておりますが、それら四つのものはいずれも友納の読み方教授論の中に生かされているように思われます。無論、それらは人格的教育学だけからの影響とは断定できませんけれども、人格的教育学の考え方を受け入れる素地が友納友次郎にあったのではないかと思います。

以上のような考察から、形式的段階説を否定し、〈方法から教材へ〉〈教材から方法を〉という自らの考え方を確立していく過程で出会った人格的教育学が、友納の読み方教授論を肉付けしていったのではないかと考えております。それは、単に人格の重視を主張するだけではなく、教材を教師から切り離し、独立させ、児童を主体的なものとして捉えていく、今日では当然のこととして受け止められている授業の三要素の自立と共鳴を前提とする読み方教授の確立にも繋がっていったように思われます。

Ⅲ　友納友次郎年譜・年表

年譜・年表の作成にあたっては、左記のような文献等を参考にしつつ、関係書籍・雑誌の収集に努め、入手し得た書籍はその初版発行年月日と総ページ数（「頁」で表示）を、雑誌は発行年月日と足掛けのページ数（「P」で表示）を示すなど可能な限り正確を期するようにした。ただ、直接確かめ得なかったものや月日を特定できなかったものなどは○印を付けて当該年度の最後に示した。

【年譜・年表作成のための主たる参考資料】

○『友納友次郎伝』栗原登編著、昭和四十二年七月一日、明治図書刊

○『国語教育史資料　第六巻　年表』野地潤家編、昭和五十六年四月一日、東京法令出版刊

○『「学校教育」国語教育関係論文目録――大正の部――』広島大学教育学部附属小学校国語部編、昭和三十七年十月十三日

○雑誌「学校教育」第一巻第一冊（第一号）～第四巻第十三冊（第五十号）、大正三年～大正六年、広島高等師範学校教育研究会編

○『国語教育方法論史』飛田多喜雄、昭和四十年三月、明治図書刊

○国立国会図書館文献一覧

○国立子ども図書館文献一覧

西暦	1878	1887	1894	1895	1896	1897	1899	1900
年号	明治 11	20	27	28	29	30	32	33
年齢	0	9	16	17	18	19	21	32
区分	準備・学習期							
勤務先					芦屋尋常小		(福岡師範)	
(担当学年)					2			
教育実践・著書等（◇は指導者・友人）	11・23 父宗五郎・母とりの第一子として誕生（福岡県遠賀郡芦屋一六二八番地—現在の東町）			3 芦屋尋常小学校卒業	4 芦屋尋常小学校代用教員となる（2年担任）—在職二年— ◇大西武（校長）	4 福岡師範学校入学		
教科書								
家庭		12・28 橋本豊乃岡山市船着町に生まれる。	8・14 母とり死去（享年52歳）					
教育・社会			8 日清戦争起こる				4・16 『統合主義新教授法』樋口勘次郎	8 「小学校令」改正 国語科成立 12・5 『小学校における今後の国語教授』芦田恵之助

1901	1902	1903	1904	1905	1906	1907
34	35	36	37	38	39	40
23	24	25	26	27	28	29
	教育実践期					
	門司尋常高等小					
4						
3　福岡師範学校卒業 4　門司尋常高等小学校訓導となる（4年担当）（旧職員録によれば明治34・3・31就任）	○　筆立学舎のはじめ（清見町時代からか？　高等科四年生の放課後の生活を配慮して、自念組の大広間を借りて始める）◇自念夫婦	1　筆立学舎「送第一回出身者」の記念写真あり	3・8　門司新報に「学舎より六名の師範入学者四名の準訓導を出す」と載る。	7・21　学舎総集会に舎生六十八名の記念写真	4・16　門司新報「筆立学舎創立以来師範合格百余名に達す」との記事	1・25　門司新報「良教員の転出」との記事（1・29門司出発・旧職員録によれば明治40・2・1転出） —在職五年十一ヶ月—
			第一期国定読本			
（門司市清見町三丁目一に居住）	（門司市末広町三丁目に転居）				10・13　橋本豊乃福岡女子師範卒業 10・23　友次郎、豊乃と結婚（豊乃は八幡尋常高等小学校訓導に）	〈筆立学舎は、同僚の高橋市治氏が継承〉
	12　教科書事件		2　日露戦争起こる	9　日露講和条約締結		

1908　1909　1910　1911

41　42　43　44

30　31　32　33

教育実践期

福岡女子師範附属小

2　福岡女子師範附属小学校次席訓導となる（鳥飼附属校―児童を一般から募集せず。所在地鳥飼村の学童全員を収容。故に能力差あり。→特別学級〈能力薄弱児のための〉設置）友納は特別学級の主任になる。（のち主席訓導）◇榊保三郎博士（九州大・精神病科）

3・4　門司新報に「小学校教員と筆立学舎」の記事

7　文部省講習会参加（東京・約一ヶ月間）

第一期国定読本

第二期国定読本

4　豊乃、福岡高等小学校訓導

9・8　長男不二男出生（福岡市外警固村榊原）

7　豊乃退職

2・23　二男憲二出生（福岡市地行一番地）

5・26　父宗五郎死去

10・2　三男雄三出生（福岡市地行一番地）

8　「小学校令改正」義務教育6ヵ年に

3・5　『尋常小学綴り方教科書』三・四・五年用　芦田恵之助

1912　明治45／大正1　34歳

教育実践期

広島高等師範学校附属小

1

3　広島高等師範学校附属小学校訓導となる
◇三宅正太郎（漢文）

4　（第一部尋常科一年担任）
※当時の附属小学校全部で12～13学級
- 一部　1～6年の6学級
- 二部　男女共学1・2年複式で計3学級
- 三部　1～2年と6年、3～5年
- 高等科

第二期国定読本

（広島市住吉町）

1913　大正2　35歳

2

1・1　広島高等師範学校教育研究会機関誌「学校教育」創刊（宝文館）…昭和16年5月号まで継続
★以下、同誌に掲載論文などは□内に掲載紙の通巻番号を示し、雑誌名は省略（分量はページ数で示す）
1　「国語教育の欠陥」P8
3・1　3　「読み方教授に於ける教材の区分法について」P5

3・18『綴り方教授』芦田恵之助
2・28『人格的教育学の思潮』中島半次郎

1914　大正3　36歳

○『国語教育刷新』（目黒書店）←第一著
4・1　4　「囚はれたる綴り方教授（一）」P5

3・18『読方教授の新研究』秋田喜三郎、山口徳三郎共著

1915

4

37

教育実践期

広島高等師範学校附属小

3

5・1　[5]「囚はれたる綴り方教授（二）」P7

5・20　『実際的研究になれる読方綴方の新主張』（目黒書店）500頁

7・1　[7]〈新刊紹介に『実際的研究になれる読方綴方の新主張』〉

8・1　[8]「優等児童の研究」P10
「芦田氏著綴り方教科書を読む」P3
「尋常小学校に於ける綴方文題の選択法如何」P3

9・1　[9]「馬淵冷佑氏読み方と綴り方の教授を読む」P2

10・1　[10]「優等児童の取扱」P7

12・1　[12]「白土氏の勤労学校の意義及其経営法を読む」P2

○『精薄児の教育』（目黒書店）

1・1　[13]「大正三年に於ける国語教授の傾向」P24

2・1　[14]〈新刊紹介『国定読本韻文ノ新解説』（有賀新六著）〉P1

4・1　[16]「国定第二種小学読本を読む」P3
「模範授業教案（二）第一部尋常科第三学年読方教授案」（第六―十二「古机」）P2

第二期国定読本

9・12　四男武人出生（広島県国泰寺町）

7　第一次世界大戦起こる

1916	
5	
38	
教　育　実　践　期	
広島高等師範学校附属小	
4	5

4・10 『読方教授法要義』（目黒書店）460頁
◇堀・西・岡部・佐藤教授（高師）

5・7〜11 第一回全国小学校教育研究大会（広島・附小）発表「綴方教授最近の傾向」

6・1 [18]（新刊紹介に『読方教授法要義』）

7・15 [20] 第一回全国小学校教育研究大会報告「綴方教授最近の傾向」P9

10・1 [23]（新刊紹介『写生を主とした綴方新教授細案』（駒村徳寿・五味義武著）『校定平家物語』（山田孝雄・高木武著）『全国定教科書応用漢字の研究』（森本常吉著）他に二冊の紹介）P3

11・1 [24]「国語教授の本質如何」P5

12・1 [25]（新刊紹介『新綴方教授』（波田野繁著）『郷土を本位とせる学校教育の実際』（大河尋常高等小学校））P2

2・1 [27]「総合的取扱の価値」P4

6・1 [31]（新刊紹介『読み方教授』（芦田恵之助著））P1
「『御大礼と小学児童』を読む」P3

11・1 [36]「国民精神の陶冶と国語教育」P6
（新刊紹介『言語及読方の基本的研究』（田中廣吉著）『国定読本文語法と口語語

第　二　期　国　定　読　本

11・25 五男典人出生（広島市南竹屋町）

4・5 『国語教授法精義』保科孝一

4・21 『読み方教授』芦田恵之助

10・15『教案中心読み方教授の実際案』小林佐源治

1917

6

39

教　育　実　践　期

広島高等師範学校附属小

6

法』（井上宗助・大野佐吉著）〉P2

11・9〜13 第二回全国小学校教育研究大会実地授業―綴方（尋常科五年）

○ ※（『友納友次郎伝』P158〜）大山「亡き父と母」の例「作文というものは真心で書けばよいのだ」

4・1 [42]〈新刊紹介『小学校に於ける図画教具の新研究』（堀孝雄著）『続小学校内容改善に関する実地研究』（末広政一著）〉P3

6・25 『課外の読物　高等科第二学年上巻』（目黒書店）

9・1 [47]「教授方法の生命」P5

11・1 [49]「綴方と創作」P8

11・3〜7 第三回全国小学校教育研究大会

11・25 『課外の読物　高等科第二学年下巻』（目黒書店）

12・22 講述「綴方教授細目」（於・広島県沼隈郡教育会）

○ 『小学読本自習書』前期四冊（目黒書店）野沢雅浩と共著

『小学綴方』四冊（同文館）←児童用

※　前二著はともに大正5〜6年の刊行か？

第　二　期　国　定　読　本

広島市洪水

6・15 『読方教育の本領』原田直茂

1918

7

40

教　育　実　践　期

広島高等師範学校附属小

（1～6混合）

※（『友納友次郎伝』P158～）「自学自習を教えられた」

3　広島高等師範学校附属小学校第13回第一部尋常科43名を卒業させる。

3・20　『綴方教授法の原理及実際』（目黒書店）474頁

4・1　56「童話浦島の研究」P14

4・25　『尋常小学国語読本教授詳案　巻一』（目黒書店）田上新吉と共著

5・28　『尋常小学国語読本教授詳案　巻二』（目黒書店）田上新吉と共著

6・1　58（新刊紹介に『綴方教授法の原理及実際』）◇小原国芳（7月附小着任）協力して劇の指導

10・20　『尋常小学国語読本教授詳案　巻三』（目黒書店）田上新吉と共著

11・1　63「国民性の陶冶と国語教育」P10

11・15　『教師の実習を主としたる綴方教授法講話』（同文館）556頁　◇杉山直喜（昭和13年まで速記担当）

○『修正尋常小学読本教授詳細案』（目黒書店）野沢正浩と共著

第二期国定読本　／　第　三　期　国　定　読　本

10・8　長女日出子出生（広島市南竹屋町）

7　児童雑誌「赤鳥」創刊

1919

8

41

教育実践期　（行政指導期）

広島高等師範学校附属小　三部単級　｜　小倉市学務課長

- ○ 『尋常小学綴方教授書　巻一』（目黒書店）↓大正10年3月まで（巻四）
- 1・23 『尋常小学綴方教授書　巻二』（目黒書店）
- 2・20 67「児童の綴方における誤文」P6
- 3・1 68（新刊紹介に『教師の実習を主としたる綴方教授法講話』）
- 5・1 70（新刊紹介に『尋常小学綴方教授書』）
- 5・25 『尋常小学話方教授書　巻二』（目黒書店）
- 6・1 71「自由選題論（一）」P5
- 7・1 72「自由選題論（二）」P6
- 7・5 『綴方教授の思潮と批判』（目黒書店）P308 杉山氏速記
- 8・1 73「自由選題論（三）」P4
- 8 小倉市学務課長になる。
- 9・5 『尋常小学国語読本教授詳案　巻四』（目黒書店）田上新吉と共著
- ○ 『尋常小学話方教授書　巻一』（目黒書店）
- ○ 『学芸会』の共著（『友納友次郎伝』P144）
- ○ （『友納友次郎伝』P201）「この頃学校の学芸会に子供の芝居、学校劇奨励」。大正8年か9年に米町小学校での研究発表会（学芸会）主催

第三期国定読本

- 11・8 『創作的読方教授』秋田喜三郎

西暦	1920	1921
大正	9	10
年齢	42	43
期	（行政指導期）	
職	小倉市学務課長	文部省
事項	5・30 『読方教授の主張と実際』（目黒書店）622頁 各地の講演を杉山氏が速記したもの 6・25 『尋常小学国語教本教授　巻五』（目黒書店）田上新吉と共著 9・1 87（新刊紹介に『読方教授の主張と実際』） 11・5 『小学教育の根本改造』（目黒書店）434頁 11・28 『尋常小学国語読本教授詳案　巻六』（目黒書店）田上新吉と共著	1・3〜7 芦田恵之助との立会講演会（小倉市米町小学校）—自由選題と課題主義— ◇芦田恵之助 3 『尋常小学綴方教授書　巻四』（目黒書店） 4・23 白鳥千代三編『小倉講演綴方教授の解決』（目黒書店） 5・30 『尋常小学国語読本教授詳案　巻七』（目黒書店）田上新吉と共著 6 文部省図書局嘱託（芦田恵之助の後任として国定国語読本の編集に参加） ※・当時の図書監修官　大岡保三、武笠三、青木、高木市之助、井上赳 ・友納分担（5年「陶工柿右衛門」「太宰府もうで」、6年「青の洞門」等）
国定読本	第三期国定読本	
身辺		6・8 上京（高田馬場三の九六一） 8・9 六男澄生出生
教育界	3・23 『能力陶冶読方の教育』山路兵一 11・10 『三大教育学説の約説と批判』佐藤熊次郎 ○ 八大教育主張	10 『生命の綴方教授』田上新吉

1922　1923

11　12

44　45

国定読本辺纂貴

寺島小

11・28『私の綴方教授』（目黒書店）484頁
各所の講演速記
（『友納友次郎伝』によると当時は国定教科書の執筆に余念なし。又、夏休みは各地の講演のため8月31日になり帰宅した。）

3・15『尋常小学国語読本教授詳案　巻八』（目黒書店）（奥付には著者名として田上新吉のみ示されているが、第九巻の最初に「著者から」として第九巻以降、田上氏一人の手になるとことわられている。）

5・30『自学文庫第1編　趣味の小学国史』（文教書院）

6・20『自学文庫第3編　趣味の小学国史』（文教書院）

○東京寺島尋常高等小学校長（九代）併任
◇白鳥千代三、後藤正義

5・5『児童綴方博覧会（学年別6冊）』（南海書院）（芦田、友納、桂田選評）

6・10『自学文庫第4編　趣味の小学国史』（文教書院）

9・1『教育革命　焦土の中から』（明治図書）530頁

第三期国定読本

10・5　二女京子出生

5・8『国語の力』垣内松三

9・1『文芸教育論』片山伸

4・10『読み方の自由教育』山路兵一

9・1　関東大震災

1924	13	46		○文部省図書局嘱託及寺島尋常小学校長辞職（各地からの講演依頼。著述生活に） ○『釈迦・孔子等の偉人伝叢書』（文光社） —円本—　◇大谷忠次朗		6・5『読方学習活動の実際とその説明』山路兵一 10・25『読方教育の鑑賞』宮川菊芳
1925	14	47	著述生活期	4『読本物語　1アレクサンドル大王とベートーベン』（子供の日本社） 5『読本物語　3シエクスピアとリヤ王物語』（子供の日本社） 5・15『国語教育の真生命　私の読本教育』（明治図書）778頁 6・18『読本物語　4エヂソンとラヂオの世界』（子供の日本社） 7『読本物語　5釈迦とキリスト』（子供の日本社） 8・5『読本物語　6太陽と星と暦の話』（子供の日本社） 10・15『読本物語　8ダンテとミケランジェロ』（子供の日本社） 11『読本物語　7孔子とソクラテス』（子供の日本社） 11・5『各課精説　国語読本の真使命　巻六』（明治図書）363頁（巻一～十二／大正十五年末まで）	第三期国定読本	3・20『読み方教育の本質』丸山林平 4・15『国語読本文意の研究』垣内松三・土方義道共著 6・1『読方の研究授業』佐藤末吉 6・25『発展的読方の学習』秋田喜三郎 9・15『第二読み方教授』芦田恵之助

1926	
15	
48	
著　述　生　活　期	
12	『読本物語　2僧禅海・陶工柿右衛門・岩松助左右衛門』（子供の日本社）
12・10	『読本物語　9ナイチンゲールとジャンヌ・ダーク』（子供の日本社）
○	『読本物語　14孔明と文天祥』（子供の日本社）
1・20	『各課精説　国語読本の真使命　巻二』（明治図書）464頁
2	『読本物語　11項羽と劉邦・韓信と張良』（子供の日本社）
2	『読本物語　12リンカーンとワシントン』（子供の日本社）
2・25	『各課精説　国語読本の真使命　巻九』（明治図書）528頁
2・25	『各課精説　国語読本の真使命　巻五』（明治図書）300頁
4・20	『各課精説　国語読本の真使命　巻一』（明治図書）386頁
5・25	『英傑伝叢書10　大塩平八郎と佐倉宗五郎』（子供の日本社）
6	『小學児童文學讀本』（東雲堂編輯部編・紅玉堂書店）若山牧水・巌谷小波・北原白秋と共編
第　三　期　国　定　読　本	
3・20	『生命の読方教育』佐藤徳市
4・20	『読方教育の新潮』竹澤義夫
6・12	『現代読方教育の実相と批判』宮川菊芳

1927

昭和1　2

49

著述生活期

6・1　156（新刊紹介に『各課精説　国語読本の真使命』）

6・15　『奈良の都』（子供の日本社）

6・20　『高等小学読本の真使命』高一用、前後期各一冊（明治図書）

8・1〜2　講演「将来の国語教育」（於・県立東金高等女学校）―千葉県山武郡教育会夏期講習会―
※　頼山陽「兵児謡」等
◇栗原登

9・9　『新高等小学読本巻一の原拠』（蘆田書店）

11　『読本物語　13ハンニバルとシーザー』（子供の日本社）

11　『読本物語　15東郷大将と乃木大将』（子供の日本社）

○　『尋常小学国語読本教授詳案』（目黒書店）

○　『新高等小学読本巻二の原拠』（蘆田書店）

2　『読本物語　17マホメットとペスタロッチ』（子供の日本社）

3　『読本物語　16ナポレオンとビスマルク』（子供の日本社）

3　『読本物語　18治水美談と用水物語』（子供の日本社）

5・15　『国語読本の体系　形態篇』（明治図書）

第三期国定読本

3・1　七男春樹出生

7・5　『読み方教育要説』千葉春雄

3・20　『読み方の学習態度と其の建設』山路兵一

西暦	年号	年齢	時期	事項	第三期国定読本
1928	3	50	著述生活期	5・15『国語読本の体系　内容篇』（明治図書）1157頁 7『読本物語　21ニュートンとワット・ダーウィンとメンデル』（子供の日本社） 8『読本物語　19マルコポーロとマゼラン』（子供の日本社） 夏　綴方についての講演（於・熊本県菊池郡、岡山県和気郡両教育委員会）→昭和3『将来の綴方教育』 10『高等小学読本の真使命』高二用、前後期各一冊（明治図書） 12『読本物語　20西行と芭蕉』（子供の日本社）	
1929	4	51		2『読本物語　24伊藤博文と大隈重信』（子供の日本社） 3『読本物語22　三浦安針と小泉八雲』（子供の日本社） 5『読本物語　23頼山陽と吉田松陰』（子供の日本社） 5・20『将来の綴方教育』（明治図書）508頁 2・25『国語読本　韻文の観賞と其取扱』（明治図書）547頁　◇久保田宵二 4・5『農村用高等小学校読本の真使命巻三』（明治図書	2・5『文旨の成長　読方指導の過程』佐藤末吉 7『学習各論』下巻

	1930	1931
	5	6
	52	53
著述生活期		
5・5『国語教育の基調としての標準語法』（明治図書）649頁 ○『韻文の解説と其取扱（一）』一般用、女子用、農村用	4『学校経営の具体化校長事務の系統的研究』（教育実際社・明治図書） 5・20『新講話資料大成』（明治図書）（富助一・栗原登執筆・友納友次郎編著）720頁 6『高等小学唱歌歌詞評釈』（同文書院） ○『韻文の解説と其取扱（二）』一般用、女子用、農村用	2・10『教材観の源泉　読本の本質的発生的研究』（同文書院）598頁 夏　講演「国語教育の真使命」（於・千葉県海上郡教育会夏期講習会・銚子）
第三期国定読本		
5・24　二男憲二死去（享年21歳）		
木下竹次 10　雑誌「綴方生活」創刊 10・1『読方教育の新潮と実際』宮川菊芳 12・15『読方科教育問答』宮川菊芳	6・15『読方教育の本領』原田直茂	6・5『形象の読み方教育』佐藤徳市 9　満州事変起こる 12・1『読方教育に於ける鑑賞指導』宮川菊芳

西暦	1932	1933	1934	1935
昭和	7	8	9	10
年齢	54	55	56	57
時期	著述生活期			
著作	5・15『読方教育原論』（明治図書）644頁	1・30『文話文例　少女模範文』（講談社）319頁 3・1『教法精説新読本の指導精神　尋常科用』巻一・巻二（明治図書）→巻十二（昭和13・9・27まで）サクラ読本	○『小学童謡新読本　巻一～六』（明治図書）久保田宵二共著 2・20『童謡新読本　巻二　尋常一年後期用』（明治図書）久保田宵二・畠野奎三と共著 4・10『教法精説　新読本の指導精神　尋常科用巻三』（明治図書）802頁 4・30『童謡新読本　巻三　尋常二年前期用』（明治図書）久保田宵二・畠野奎三と共著 10・10『教法精説　新読本の指導精神　尋常科用巻四』（明治図書）774頁	3・23『教法精説　新読本の指導精神　尋常科用巻五』（明治図書）617頁 9・10『教法精説　新読本の指導精神　尋常科用巻六』（明治図書）650頁 ○『高等小学読本韻文の解説と其取扱』一般用、女子用、農村用　昭和9年か？（明治図書）
国定読本	第三期国定読本		第四期国定読本	
関連事項	11・14『国語教育学』丸山林平		9・1『素直な読方教授』山内才治	4・1『教育的解釈学』石山脩平 5・20『国語教育易行道』芦田恵之助

1936	1937	1938	1939	1940	1941
11	12	13	14	15	16
58	59	60	61	62	63
著述生活期					
2・5　『大道を行く読方教育』（明治図書）471頁 3・30　『教法精説　新読本の指導精神　尋常科用巻七』（明治図書）689頁 5　『校長必携校務の形態と其合理化』（明治図書） 9・30　『教法精説　新読本の指導精神　尋常科用巻八』（明治図書）672頁	3・30　『教法精説　新読本の指導精神　尋常科用巻九』（明治図書） 9・25　『教法精説　新読本の指導精神　尋常科用巻十』（明治図書）	4・5　『教法精説　新読本の指導精神　尋常科用巻十一』（明治図書）580頁 9・27　『教法精説　新読本の指導精神　尋常科用巻十二』（明治図書）464頁			
第四期国定読本					
○四男武人高文合格			11・30　六男澄生死去（独協中在学中）		『友納友次郎伝』武人談P28
2　二・二六事件 9・27　『全体の読方教育』山内才治 11・1　『国語教育講話』垣内松三	7　日中戦争起こる				3　国民学校令公布 12　太平洋戦争起こる

著述生活期

第五期国定読本

西暦	昭和	年齢	事項	教育・著作関係
1942	17	64		「卒業して内務省に入ったころから安心したのか、老いこみが目立つようになる。こたつに入りっぱなしであまり著述も進まなかった。主として、西田哲学の本を研究していたが……。」
1943	18	65		
1944	19	66		○『初等教育国語教科書発達史』秋田喜三郎
1945	20	67	3・20 長女日出子の婚家先小山の江部氏宅へ疎開 4・15 長女日出子の婚家先旧本宅の東那須（元金田村練貫）へ再疎開 5・25 高田馬場の居宅空襲のために焼失 7・17 疎開先（東那須）にて脳溢血のため急逝	

（二〇〇七年十一月十一日作成）

あとがき

本書は鳴門教育大学大学院学校教育研究科における修士論文「大正期における読み方教授論の研究――友納友次郎の場合を中心に――」を基にまとめたものである。私が大学院で野地潤家先生の御指導を受けながら研究に専念したのは一九八五年（昭和六十年）四月から一九八七年（昭和六十二年）三月までであり、二十年以上も前のことになる。「今更そんな古い、しかもたいした価値もない論文を公刊しても」という思いもないわけではない。ただ、改めて論文を読み返し、文献に目を通すことで新たな学びをすることができたように思う。そのことに力づけられて、私にとっての本書の価値と、公刊することの意義を次のように考えている。

かつて野地潤家先生は講義の中で「研究は一日休むと取り戻すのに三日かかる」と話された。二十年ぶりに一字一句と真摯に向き合い、多くの資料にあたる研究は当初苦痛ですらあった。一日どころか二十年近くも休んでいた研究であり、その間日々の雑事に追われることの多かったことを思えば当然のことである。しかし、一ヵ月も続けるうちに少しずつではあるが論文や資料の文言が自分の中にしみ入ってくるようになった。しかも執筆時には見落としていたことや新たな解釈などが見えてくるようになった。国語教育の研究・実践が目に見えぬ形でこの年月の間にわずかではあるが蓄積されていたのかと胸をなで下ろすとともに、継続して研究し学び続けることの大切さを実感することができた。還暦は過ぎたが、遅まきながらそのことに気づく機会を持てたことは幸せなことである。本論文は私にとって歴史研究の第一歩であり、新たな研究の視野を与えてくれた論文である。その意味でも私の学びの一里塚となる大切なものである。

近年、学力問題とも絡んで「読むこと」の学習指導が取り上げられることが多くなった。しばらく「書くこと」や「話すこと・聞くこと」などの陰に隠れて肩身の狭い思いを強いられていた観がある「読むこと」ではあるが、今後もその学習指導のありようをめぐってはいろいろと論議されるであろう。ただ、流行に乗り、ことばを弄び、真に学習者に還元されない論議に流れる恐れもないわけではない。本書で取り上げた友納友次郎、芦田恵之助、秋田喜三郎をはじめとする大正期の読み方教授の実践研究の中で生み出された豊かな教育遺産は、これからの「読むこと」の学習指導を考え実践していく上で大きく確かな指針や示唆を与えてくれるように思う。大正期の読み方教授論においては教材・学習者・指導者といった授業の三要素が確立されていく過程や、それぞれの要素が具備すべき要件とそのかかわりなどが明らかにされていく。それらのことは、今日においても、また、これからにおいても国語科授業構築のために必要不可欠な要素や視点を含んでいるとともに、「読むこと」にかかわる多くの課題の萌芽を感じさせるものである。よりよき未来のためには前ばかりを見るのではなく、足元やこれまでの教育遺産を見つめてみることも必要なことである。本書の公刊ががいささかでもそのことに役立てば幸いである。

本書は三部構成とした。Ⅰは修士論文「大正期における読み方教授論の研究——友納友次郎の場合を中心に——」のうち、「はじめに」「終わりに」を除く「序章」「結章」と本論三章を原則として原文のまま全文掲載した。Ⅱはそれ以降の友納友次郎に関連する論文・口頭発表を載せた。そのうち、1「友納友次郎の読み方教授論の考察——文旨論を中心に——」は信州大学教育学部紀要六十九号（平成二年三月刊）に瀬戸仁先生と連名で掲載したものであるが、瀬戸仁先生のご厚意とお許しにより本書に掲載したものである。2「友納友次郎の読み方教授論の考察——教授規範を中心に——」と3「友納友次郎の読み方教授論の考察——人格的教育学からの摂取を中心に——」は、それぞれ第七十三回全国大学国語教育学会（昭和六十二年十月）、第二回鳴門教育大学国語教育学会（昭和六十二年八月）において研究発表したものである。掲載に当たってはは紙幅の関係でテープおこしをしたものに文脈がたどれるよう発表資料から最低必要な部分を抜き出し取り入れた。Ⅲの「友納友次郎年譜・年表」は元々Ⅰに添付していたものであるが、今日まで収集し続けた友納友次郎の著書や関係資料を参考に新たに作り直し、大幅な改正を加えたことから、Ⅲとして独立させて巻末に掲載することとした。

各論考等はいずれも古く、今読み返せば恥ずかしくなる拙い内容や表現が目につき、一書としての体裁や内容も不統一であり、重複なども目立つ。学びの途上ということでお許し願いたい。

本書が成るにあたっては多くの方のお力添えをいただきました。

野地潤家先生には、早くから上梓を勧めていただきながら今日に至ってしまったことをお詫び申し上げるとともに、「師は弟子を見捨てません。」とおっしゃってくださったとおりいつまでも温かく見守って下さいましたことに心から感謝申し上げます。溪水社の木村逸司氏には前二著と同様、励ましと御支援をいただきました。心より感謝いたします。本文入力や原典照合に当たっては鎌倉琢磨君・田中美有詩さんをはじめとする研究室の多くの院生・学部生にたすけてもらいました。記して感謝したいと思います。

平成十九年十一月十九日

益地憲一

〈著者紹介〉

益　地　憲　一（ますち　けんいち）

昭和21（1946）年　兵庫県神戸市生まれ。

昭和44（1969）年　神戸大学教育学部中学校教員養成課程卒業。

神戸市立丸山中学校教諭・神戸市立舞子中学校教諭・神戸大学教育学部附属明石中学校教諭・お茶の水女子大学附属中学校教諭を経る。

昭和62（1987）年　鳴門教育大学大学院学校教育研究科修士課程修了。

平成3（1991）年　信州大学教育学部助教授。

平成11（1999）年　信州大学教育学部教授（現在に至る）。

その間、信州大学附属図書館教育学部分館長・信州大学教育学部附属長野小学校長を併任する。

〈専攻〉　国語教育学

〈主な著書・論文〉

『中学校ひとり学びを育てる国語指導』（共著　東京書籍　昭和57年）
『選択教科としての「国語」の指導』（編著　明治図書　平成元年）
『作文講話及び文範』（校訂・解説　講談社学術文庫　平成5年）
『国語科評価の実践的探究』（溪水社　平成5年）
「模擬授業を核とする実践的教育力の育成」（『国語科教師教育の課題』全国大学国語教育学会　明治図書　平成9年）
『小学校国語科指導の研究』（編著　建帛社　平成14年）
「国語科評価論の成果と展望」（『国語科教育学研究の成果と課題』全国大学国語教育学会　明治図書　平成14年）
『国語科指導と評価の探究』（溪水社　平成14年）
「齋藤喜門研究――『ひとり学び』を中心に――」（「信大国語教育」13号　平成16年）
「『感性的思考力』再考」（『巳野欣一喜寿記念国語科教育論集』　平成19年）

大正期における読み方教授論の研究
――友納友次郎の場合を中心に――

平成20年3月1日　発　行

著　者　益　地　憲　一

発行所　株式会社 溪水社
広島市中区小町1－4（〒730-0041）
電 話（082）246－7909
FAX（082）246－7876
E-mail:info@keisui.co.jp

製版 広島入力情報処理センター／印刷 互恵印刷／製本 日宝綜合製本

ISBN978－4－86327－010－7　C3081